Anna MANCINI

L'Obsolescence du droit d'auteur

et de sa Philosophie

Buenos Books International

Editeur: BUENOS BOOKS INTERNATIONAL, PARIS

Tél: 0870 233 240, Fax: 01 53 01 69 51

E-mail: info@BuenosBooks.fr

1ère édition imprimée 2006: ISBN: 2-915495-17-3

1ère édition version électronique: ISBN: 2-915495-18-1

Dépôt légal Paris : 1er trimestre 2006

L'auteur a bénéficié, pour la rédaction de cet ouvrage, du soutien du Centre National du Livre.

REMERCIEMENTS

Je remercie chaleureusement pour son soutien le Centre National du Livre.

INTRODUCTION

L'Internet, les livres électroniques, les technologies d'impression à la demande, et les logiciels de sécurisation des fichiers électroniques sont en train de changer en profondeur la donne du marché de l'édition. Pour la première fois dans l'Histoire de l'humanité, nous nous sommes dotés d'une technologie qui pourrait rendre les livres accessibles à tous sous forme électronique et même sous une forme physique. En effet lorsqu'elles seront suffisamment diffusées dans le monde, les technologies d'impression à la demande permettront de matérialiser là où nous le voudrons et selon notre souhait des livres jusque-là électroniques. Nous n'aurons plus à subir les lourdeurs et les limitations liées au monde matériel. Il sera bien plus facile de faire circuler les livres sous leur forme électronique et de les imprimer à l'endroit voulu, à la demande du lecteur que de faire circuler les livres imprimés et stockés en grand nombre. Le marché de l'édition virtuelle qui est en train de se mettre en place est très différent du marché traditionnel de l'édition. Il obéit aux lois de l'économie virtuelle qui sont très différentes de celles de l'économie matérielle auxquelles nous sommes habitués et qui ont modelé nos systèmes juridiques.

Dans la première partie de cet ouvrage, nous commencerons par observer les transformations du monde actuel de l'édition. Nous parlerons des choix de société (voire de civilisation) offerts par l'utilisation appropriée ou non des nouvelles technologies de communication. Nous réfléchirons aux possibles restrictions à la libre circulation des idées qui pourraient découler de l'usage contraire à leur vocation des technologies de la communication.

Dans la seconde partie de cet ouvrage, nous expliquerons pourquoi certains concepts juridiques comme la propriété littéraire et artistique, ou l'idée traditionnelle de justice sont inadaptés au monde de l'édition numérique et nous proposerons des solutions de remplacement. Pour terminer, nous verrons quelles devraient être les grandes lignes directrices d'un droit d'auteur moderne propre à accompagner le développement harmonieux du monde de l'édition dans son ensemble et à favoriser une civilisation de liberté d'expression, d'abondance informationnelle pour tous et de respect des droits des auteurs.

PREMIERE PARTIE:

LES TRANSFORMATIONS RAPIDES DU MONDE

DE L'EDITION OPPOSEES A LA FIXITE DU DROIT

CHAPITRE 1

Une philosophie du droit coupée de la réalité

L'évolution des techniques en accélérant la mondialisation des échanges intellectuels est en train de changer en profondeur le monde de l'édition. Le droit d'auteur, lui, reste figé. Les quelques modifications nationales ou internationales dont il fait régulièrement l'objet sont sans commune mesure avec l'ampleur de la transformation du marché du livre. Ceci est dû principalement au fait que les instances juridiques submergées par les problèmes pratiques immédiats tentent de les régler au coup par coup, sous l'influence des groupes de pression et sans philosophie. Partout dans le monde, elles ne vont pas au-delà d'un "rafistolage" ponctuel et sans envergure du droit positif. Pourtant, l'important tournant que vit le monde de l'édition nécessiterait une réflexion philosophique en profondeur afin d'une part de régler efficacement la question de la protection des auteurs dans ce nouvel environnement technologique et d'autre part de faire des choix de société, voire de civilisation. En effet, à court terme, l'humanité pourrait très bien avoir, pour la première fois, le choix grâce aux outils de communication entre la liberté quasi totale d'une circulation mondiale accélérée des livres ou la prise de contrôle de la circulation mondiale des livres par le ou les pays technologiquement plus avancés ou par des entités commerciales possédant la technologie la plus avancée. Pour que les technologies soient utilisées dans un sens favorable à la circulation des idées et à l'évolution des connaissances, les Etats devraient d'ores et déjà élaborer des traités internationaux inspirés par des objectifs culturels à long terme et non par des considérations purement ponctuelles. A terme, les enjeux du régime des droits d'auteur seront bien supérieurs à ceux que nous entrevoyons aujourd'hui et il manque une réflexion en profondeur sur le sujet. Autrefois, les philosophes inspiraient efficacement le législateur dans ce domaine. KANT, par exemple avait influencé la législation allemande sur le droit d'auteur. Quant au droit français révolutionnaire, il fut directement inspiré par les philosophes et les écrivains de l'époque. Le droit d'auteur inventé alors, fut si bien conçu que, sans modifications majeures, son efficacité dura plus de 160 ans. Aujourd'hui, la philosophie du droit est devenue, complexité oblige, une matière réservée aux juristes spécialisés dans ce domaine. Les philosophes "généralistes" ne s'aventurent plus guère dans cet espace réservé. De ce fait, quand il arrive que ces derniers réfléchissent aux implications sociales de l'Internet, ils expriment des idées de ce type: "L'éveil de l'humanité sera un processus collectif ou ne sera pas. La même lumière traverse toutes les gouttes."[1] Ce qui est assurément beau, mais beaucoup trop éloigné des préoccupations des législateurs pour initier la modernisation du droit qui s'imposerait pour accompagner les mutations technologiques. Quant aux philosophes du droit, nous ne pouvons plus compter sur eux pour adapter le droit aux changements rapides du monde moderne. En effet, depuis le 19ème siècle, ils sont presque tous enfermés (nous serions tentés de dire "endormis") dans les limites imposées par le dogme du positivisme juridique. En France, par exemple, le positivisme juridique est devenu la "religion" juridique dominante et les hérétiques sont purement et simplement exclus de l'enseignement universitaire, de l'édition et des centres de recherche. Selon les préceptes de cette philosophie, tout juriste doit, pour répondre à un problème juridique, rechercher quels sont parmi les textes existants ceux qui sont applicables à l'espèce. Son rôle s'arrête là. En d'autres termes, le juriste n'est pas autorisé à observer la réalité, à rechercher ce qui est juste et encore moins à innover pour proposer les meilleurs moyens de régler des problèmes. Tout ce qu'il est autorisé à faire c'est connaître le droit existant et l'appliquer. Du fait de cette philosophie, il n'est pas étonnant de constater que les quelques spécialistes de la matière fassent l'exégèse de la loi et de la jurisprudence, sans réfléchir à la situation dans son ensemble, sans observer les nouvelles réalités du marché contemporain de l'édition, et sans proposer les innovations nécessaires imposées par l'ampleur de la transformation du monde de l'édition. Dans les rapports officiels sur le droit d'auteur ou sur l'Internet les questions posées demeurent des questions "positivistes", centrées sur les textes du droit positif et sur leur applicabilité à de nouvelles situations juridiques. A tel point qu'on en vient à se demander si les lois des Etats furent elles aussi transmises par des prophètes!

Par exemple, nous pouvons lire dans un rapport dont le titre “Le droit d’auteur et l’Internet” est en lui-même réducteur du champ de la réflexion:

> “L’objet de ce rapport est d’analyser les incidences sur le droit d’auteur de ce nouveau moyen de communication (Internet) et de dresser un état des lieux du respect du droit d’auteur et des droits voisins dans les nouvelles technologies de l’information.”[2]

Il est intéressant de citer les extraits suivants de ce rapport qui illustrent très bien la démarche positiviste moderne:

> “Il semble en réalité que les solides principes du droit d’auteur et des droits voisins appellent, dans l’environnement numérique, une simple adaptation plus qu’un bouleversement.”[3]

> “Un rapide aperçu de l’histoire du droit d’auteur met en évidence aussi bien sa capacité d’adaptation à l’apparition de nouvelles techniques et sa faiblesse particulière face à la numérisation des oeuvres. La conjugaison de cette technique avec la diffusion par Internet est lourde d’implications pour le droit d’auteur.”[4]

"Le régime juridique du droit d'auteur ne peut évidemment ignorer les possibilités ouvertes par la technique."[5]
"La législation protégeant le droit d'auteur s'applique au réseau Internet, sans doute aucun..."[6]

"La législation sur le droit d'auteur s'applique donc à l'Internet."[7]

En l'état actuel de la philosophie du droit, il n'existe aucune étude basée sur la connaissance approfondie du marché actuel de l'édition et sur la mondialisation accélérée de ce marché. L'observation de la réalité qui devrait alimenter la réflexion juridique en ce domaine fait complètement défaut. Toutes les études se limitent à la démarche positiviste. Les incidences de la virtualisation croissante de ce marché ne sont pas prises en compte. Quand des difficultés d'application du droit d'auteur sont mentionnées, les causes de ces difficultés ne sont pas analysées. Tout cela aboutit à ce type de conclusion trouvée dans un rapport officiel consacré à ce sujet:

"En définitive, l'application de la législation relative au droit d'auteur n'est pas impossible, mais se heurte dans la pratique, à de nombreuses difficultés. Les composantes traditionnelles du droit d'auteur sont bouleversées, ses limitations légales tendent à devenir

> tout autre chose que des exceptions, et même la détermination du droit applicable ne va pas sans difficulté.
>
> Mais, sur toutes les questions précédemment abordées, la législation existe."[8]

En conclusion, face à l'émergence des nouvelles technologies, nous avons pu observer à travers une étude attentive de la littérature spécialisée sur le sujet qu'il n'y a pas de vide juridique, mais un grand vide philosophique, dû à l'obsolescence du positivisme juridique. A une époque d'accélération de l'innovation, la philosophie positiviste du droit équivaut à une absence totale de philosophie du droit, rendant les juristes inaptes à conseiller les gouvernements, à inspirer les législateurs et à régler efficacement les problèmes pratiques. En effet, cette philosophie implique que les juristes se tournent obligatoirement vers le droit du passé pour régler des problèmes juridiques inédits. Or, l'avancée des technologies de la communication a creusé un fossé sans précédent entre le monde économique qui fut le substrat du positivisme juridique et la nouvelle économie virtuelle générée par l'Internet. L'économie qui a donné naissance au positivisme juridique présentait une dominante matérielle doublée d'une prépondérance à la stabilité. Un tel contexte permettait donc l'efficacité pratique de la philosophie positiviste et limitait fortement les besoins d'innovation juridique. L'économie virtuelle fonctionne selon des règles aux antipodes des règles du monde économique qui a donné naissance au positivisme juridique. De ce fait, une telle philosophie ne sert à rien pour accompagner le développement du marché de l'édition virtuelle. Nous allons donc nous en affranchir et recouvrer la liberté de regarder la réalité du monde de l'édition telle qu'elle se présente. Pour cela, nous poserons -à travers l'étude de l'histoire des "livres" de l'Antiquité jusqu'aux "livres" électroniques- la question de savoir ce qu'est un livre. Ensuite, nous observerons les transformations en cours du monde de l'édition: sa virtualisation croissante, sa globalisation. Pour mieux cerner ces transformations, nous prendrons les exemples fictifs de deux pays qui auraient adopté une attitude opposée face à la virtualisation du marché de l'édition. Nous étudierons à travers ces exemples les incidences juridiques de ces deux possibilités d'utilisation des nouvelles technologies de la communication et de l'Internet.

CHAPITRE 2

L'évolution du concept de livre de l'Antiquité à nos jours

1: Le livre comme substitut de la voix

Les ouvrages consacrés à l'histoire du livre relatent généralement les transformations physiques du livre au cours de l'Histoire depuis le papyrus jusqu'au livre électronique moderne. Très peu de place est réservée dans ces ouvrages à la tradition de transmission orale de la connaissance, au fait que c'est la parole qui précède le livre et qu'initialement le livre ne fut qu'un substitut de cette parole. En d'autres termes, très peu de place est consacrée au "livre immatériel", c'est-à-dire au livre dénué de toute forme physique. Les "historiens du livre" ne remontent pas aux sources mêmes du livre, c'est-à-dire au discours que le livre, dans toutes les formes qu'il a empruntées grâce à l'évolution des techniques, ne fait que matérialiser. Les pensées que les êtres humains font circuler entre eux grâce à la parole ont précédé le livre. Tous les livres sous toutes leurs formes n'ont servi qu'à matérialiser cette pensée initialement véhiculée par le son. A défaut d'écriture, les débuts de l'humanité ont été marqués par une tradition de transmission orale du savoir. Les sociétés primitives considéraient que la parole humaine était une substance vivifiante qui en circulant dans le groupe humain transportait avec elle la vie. Cette façon de ressentir la parole comme une substance vivante transparaît aussi dans l'œuvre de Platon où Phèdre affirme:[9]

> "Phèdre
> Tu veux parler du discours de l'homme qui sait, de ce discours vivant et animé, dont le discours écrit, à justement parler, n'est que l'image? »
>
> Et où Socrate assimile le discours à une semence "qui dépasse en excellence et en efficacité le discours écrit."
>
> "Socrate
> Ceci est vrai, mon cher Phèdre. Mais il est encore, je pense, une bien plus belle manière de s'occuper de l'art de la parole: c'est, quand on a rencontré une âme bien disposée, d'y planter et d'y semer avec la science, en se servant de l'art dialectique, des discours aptes à se défendre eux-mêmes et à défendre aussi celui qui

> les sema; discours qui, au lieu d'être sans fruits, porteront des semences capables de faire pousser d'autres discours en d'autres âmes, d'assurer pour toujours l'immortalité de ces semences, et de rendre heureux, autant que l'homme peut l'être, celui qui les détient."

Quant aux anciens Egyptiens, les découvertes à propos de Maat, déesse de la justice démontrent que pour ce peuple, la parole était de l'énergie solaire captée grâce au cœur, transformée puis émise grâce à la langue, c'est-à-dire par la parole.[10] Dans les systèmes juridiques archaïques, la parole ne servait pas seulement à communiquer. Elle créait aussi par le biais de la prononciation de formules rituelles des effets juridiques, des liens solides entre les personnes. Nous connaissons par exemple le cas du droit romain archaïque et de ses formules de la loi qui devaient être scrupuleusement récitées devant le pontife sous peine de rendre nulle l'action en justice.[11]

L'homme moderne, contrairement à l'homme primitif accorde aujourd'hui plus d'importance au texte écrit qu'à la parole. Devant un tribunal, la preuve écrite vaut beaucoup plus que la parole donnée. Toute notre tradition juridique est marquée par la suprématie de l'écrit. De même, notre tradition culturelle est marquée par la prééminence de l'écrit et par l'importance croissante prise par le livre en tant qu'objet matériel, concrètement dissocié de son créateur: l'auteur. Contrairement à la civilisation orale qui ne permettait pas de dissocier physiquement l'auteur de sa pensée, la civilisation de l'écrit a permis de dissocier la pensée de son auteur en la matérialisant dans l'écrit. Ainsi matérialisée, la pensée est devenue pour l'homme moderne un objet susceptible de propriété. Cependant, le passage de la tradition de la transmission orale du savoir à la transmission écrite sous forme de livres ne s'est pas fait sans réticence. Socrate, par exemple, accordait une valeur bien plus grande à la communication orale qu'au livre écrit. Celui-ci, selon Socrate, n'était pas apte à transmettre le message de l'auteur de manière aussi adéquate que la voix.[12] Nous pouvons lire dans *Phèdre* de Platon cette tirade attribuée à Socrate:

> "Socrate
> C'est que l'écriture, Phèdre, a, tout comme la peinture, un grave inconvénient. Les oeuvres picturales paraissent comme vivantes; mais, si tu les interroges, elles gardent un vénérable silence. Il en est de même des discours écrits. Tu croirais certes qu'ils parlent

> comme des personnes sensées; mais, si tu veux leur demander de t'expliquer ce qu'ils disent, ils te répondent toujours la même chose. Une fois écrit, tout discours roule de tous côtés; il tombe aussi bien chez ceux qui le comprennent que chez ceux pour lesquels il est sans intérêt; il ne sait point à qui il faut parler, ni avec qui il est bon de se taire. S'il se voit méprisé ou injustement injurié, il a toujours besoin du secours de son père, car il n'est pas par lui-même capable de se défendre ni de se secourir."

Le passage du "livre oral" au "livre écrit" s'est fait lentement. Longtemps encore, le livre fut considéré comme un simple substitut de la voix humaine et on continuait à le lire à voix haute, car le son paraissait plus important que l'écrit. La lecture "silencieuse" des livres fit peu à peu son apparition et entraîna avec elle le déclin de la tradition orale de transmission du savoir. A ce point de l'Histoire, les lecteurs pouvaient directement accéder à la connaissance sans passer par l'intermédiaire des auteurs. Malgré tous ces progrès, le caractère très imparfait du livre en comparaison avec le discours humain fut souvent mis en avant. Pour les premiers possesseurs de livres, loin d'être considéré comme un simple objet tangible, le livre était par essence un message.

2: Le livre comme message, communication d'idées

SAINT AUGUSTIN[13] soulignait le fait que le livre permet de communiquer avec les absents, tandis que l'historien grec DIODORE pensait que l'écriture permettait la communication entre les morts et les vivants et entre les personnes éloignées dans l'espace.[14] Lorsqu'au 18ème siècle Emmanuel KANT écrivait:

> "Un livre est un écrit (à la plume, ou en caractères d'imprimerie, de beaucoup ou peu de feuilles il n'importe ici) qui représente un discours que quelqu'un adresse au public au moyen des signes visibles du langage. Celui qui parle au public en son nom propre s'appelle l'auteur..."[15]

Il avait bien noté la différence entre le livre en tant qu'objet matériel et le discours qu'il contenait. Dès cette époque pourtant, l'aspect matériel du livre l'emportait sur son aspect immatériel pour des raisons essentiellement économiques comme nous le verrons ci-dessous.[16]

3: Le livre matériel, objet d'un droit de propriété

Au cours de l'Histoire, le prix très élevé des livres imprimés et leur rareté firent passer le caractère intangible du livre au second plan. Le livre fut alors considéré avant tout comme un objet de propriété. Nous savons qu'au 12ème siècle un exemplaire des Ecritures pouvait valoir le prix d'une maison de ville[17] et qu'en 1374 le roi Edouard III d'Angleterre avait payé le prix de trois maisons londoniennes pour un livre.[18] A partir de 1450 avec l'invention de l'imprimerie par GUTENBERG, le prix du livre baisse considérablement et le livre se répand en de nombreux exemplaires. Ce qui augmente de manière significative le nombre de lecteurs pouvant désormais posséder des livres.

De nos jours, malgré la baisse encore plus importante du prix des livres et l'abondance des titres disponibles sur le marché, le livre reste néanmoins perçu tout d'abord comme un objet tangible. Ceci transparaît très nettement à travers les pratiques juridiques. Toutes les législations sur le droit d'auteur sont centrées sur l'aspect matériel du livre. Avec l'émergence d'un marché de l'édition virtuelle (c'est-à-dire marché du livre électronique transitant sur l'Internet), le caractère intangible du livre revient au-devant de la scène. Le fait que le livre ait retrouvé cette caractéristique première d'intangibilité rend désormais obsolètes de nombreux aspects du droit d'auteur traditionnel.

En d'autres termes, dans le marché de l'édition numérique, le livre devenu un fichier qui transite à travers le réseau Internet n'a plus le caractère tangible sous lequel nous avions coutume de l'appréhender matériellement, philosophiquement et juridiquement. Ceci signifie que du point de vue de la pratique juridique, un livre numérique ne peut raisonnablement plus être classé dans les catégories juridiques habituelles. Nous étudierons cette question plus en profondeur dans la seconde partie de cet ouvrage. Pour le moment, nous allons rechercher quelles sont les différences fondamentales entre le marché traditionnel du livre et le marché du livre virtuel.

CHAPITRE 3

Différences fondamentales entre le marché du livre imprimé et le marché du livre électronique

Dans un ouvrage précédent consacré au droit de l'Internet, nous avons analysé en détail les différences entre le monde traditionnel (sans Internet) et le monde virtuel de l'Internet dans la perspective de leur gestion juridique.[19] Ces mêmes observations s'appliquent à la différence entre le marché de l'édition traditionnelle (c'est-à-dire du livre imprimé) et le marché de l'édition virtuelle (c'est-à-dire du livre électronique circulant mondialement à travers l'Internet). Nous n'entrerons pas ici dans les détails qui seront mieux mis en perspective à travers les deux exemples fictifs qui suivent mettant en opposition deux Etats dont l'un utiliserait les possibilités de l'édition virtuelle dans le sens d'une accélération de la circulation de l'information; tandis que l'autre tenterait malgré les possibilités offertes par l'avancée technologique de reproduire dans ce nouveau marché, les schémas traditionnels du marché du livre imprimé. A travers ces exemples fictifs, nous expliquerons le fonctionnement des technologies d'impression à la demande et nous verrons comment, couplées à l'Internet, elles sont en train de changer radicalement la donne du marché du livre.

1: Les contraintes de l'édition traditionnelle liées à la matérialité des livres et leurs incidences juridiques, économiques et culturelles

Dans l'édition traditionnelle, la matérialité du livre entraîne des conséquences juridiques et pratiques qui ne se retrouvent plus dans le monde de l'édition virtuelle. Par exemple, d'un point de vue juridique, le concept de propriété s'applique tout naturellement aux choses concrètes et parmi elles au livre-objet, même si celui-ci n'est que la manifestation du monde intangible des idées. Le livre en tant qu'objet matériel peut être localisé de manière certaine en un point donné d'un territoire. Nous connaissons son lieu de fabrication et pouvons retracer l'itinéraire qu'il a emprunté pour voyager depuis la maison d'édition vers les libraires, puis les destinataires finaux. La notion de territoire étant la pierre d'angle de tous les systèmes juridiques modernes, le fait même de pouvoir localiser le livre-objet entraîne de nombreuses conséquences juridiques et fiscales.

Le cloisonnement territorial du marché traditionnel de l'édition donne aux Etats la possibilité d'exercer un contrôle sur les idées qui circulent sur leur territoire. En d'autres termes, à partir du moment où des idées sont matérialisées dans un livre tangible qui est devenu le mode privilégié de circulation de la pensée, le flux de cette dernière est contrôlable. Ainsi dans le monde de l'édition traditionnelle de nombreux filtres vont limiter par tris sélectifs, basés sur des impératifs politiques, économiques et sociaux, la circulation des idées sur un territoire donné. De même, les lois économiques de circulation des biens matériels (droits de douane, coût du transport et du stockage) vont limiter la circulation nationale et internationale des idées. Du fait de toutes les contraintes liées au caractère tangible du livre, de nombreux auteurs sont exclus du marché de l'édition. Ce marché ne peut inclure tous les auteurs pour des raisons aujourd'hui essentiellement économiques. Soit la publication n'est pas rentable, car elle ne correspond pas aux goûts du grand public, ou est trop originale pour entrer efficacement dans l'un des circuits de distribution existants. En raison des risques financiers engendrés par la matérialité des livres, les maisons d'édition sont contraintes de choisir, parmi toutes les créations littéraires qui se présentent, quelques auteurs seulement dont les ventes sont prometteuses. Si autrefois, le marché de l'édition était affecté par la censure politique, aujourd'hui les impératifs économiques constituent à eux seuls une " censure " qui élimine du marché presque tous les livres qui ne sont pas rentables. Les bûchers d'autrefois ont été remplacés par les lois du marché auxquelles s'ajoute la survivance de mesures de censures déguisées qui ont cours même dans les pays les plus libéraux. Ce sont alors les gouvernements (grâce à leurs subventions), les Universités (subventionnées par les gouvernements) et les associations sans but lucratif qui prennent le relais pour faire exister la production éditoriale qui ne s'adresse pas au grand public et ne génère pas assez de revenus pour le secteur commercial. En raison des contraintes économiques qui pèsent sur le marché de l'édition traditionnelle, le choix offert au grand public dans le circuit commercial est de plus en plus restreint. Dans l'édition virtuelle, la logique est inversée.

2: L'édition numérique: un marché affranchi du critère de territorialité et de ses conséquences juridiques

Tout au contraire du livre imprimé dont la matérialité ralentit la vitesse de circulation, le livre numérique s'affranchit de tous les obstacles liés à la matière: coût de fabrication dérisoire par rapport au livre imprimé, frais de distribution quasi-nuls, pas de frais de stockage, affranchissement des contraintes territoriales. Libéré, grâce à l'Internet, des impératifs liés au cloisonnement territorial traditionnel du marché de l'édition, le livre virtuel voyage mondialement et rend inapplicables de nombreux concepts juridiques conçus pour le livre, en tant qu'objet matériel circulant sur un territoire donné.

Le livre virtuel souligne l'inutilité du critère territorial, qui pourtant est la pierre d'angle de tous les systèmes juridiques et de leurs philosophies. Les concepts juridiques les plus courants tels: la propriété (qui suppose l'existence d'un objet tangible), le vol (qui suppose la matérialité de l'objet volé et l'intérêt de le restituer à son propriétaire légitime), et la saisie-contrefaçon (qui suppose elle l'existence d'objets matériellement saisissables) ne sont plus applicables dans le contexte de l'édition numérique. De même, la censure sous toutes ses formes, qu'elle soit politique, sociale, universitaire ou économique ne peut plus s'appuyer sur les facilités offertes par le caractère matériel du livre. La censure économique qui est aujourd'hui la plus sévère dans le monde de l'édition traditionnelle n'a plus lieu d'exister dans le domaine de l'édition numérique. En effet, d'un point de vue économique, il ne coûte que très peu (en comparaison avec les frais de lancement d'un nouveau livre imprimé) à un éditeur de publier un auteur en version électronique et de le diffuser mondialement. L'édition numérique donne au public un plus grand choix. Il peut opérer lui-même sa sélection parmi une vaste gamme de titres au lieu de subir le choix restreint des maisons d'édition traditionnelles. Le nombre de titres disponibles sur le marché de l'édition virtuelle peut de ce fait être démultiplié et le coût d'accès à leur lecture peut être considérablement abaissé. Ce qui en soi-même constitue déjà une accélération de la circulation des idées. Alors que l'édition traditionnelle tend à être territorialement cloisonnée, l'édition virtuelle n'a ni territoires ni frontières. Intangible, le livre numérique voyage en quelques secondes d'un bout à l'autre de la planète et les systèmes de paiement sécurisés permettent de le vendre partout où des personnes sont capables de lire la langue dans laquelle il a été écrit. Cette vitesse fait parfois peur et la tentation est grande pour les acteurs économiques d'utiliser les nouvelles technologies de gestion électronique des droits des auteurs pour transposer dans le marché de l'édition numérique les schémas économiques et culturels de l'édition traditionnelle qui leur paraissent plus rassurants. A travers deux exemples fictifs, nous verrons d'une part quels seraient les résultats de la tentation de reproduire dans le marché de l'édition virtuelle les pratiques du marché de l'édition traditionnelle. D'autre part, nous imaginerons les possibilités ouvertes par la logique spécifique du marché de l'édition virtuelle et l'exploitation des potentialités d'accélération de la circulation des idées qu'il offre.

CHAPITRE 4

Rareté ou abondance informationnelles: les choix permis par l'avancée des technologies de communication

Nous prendrons ici deux exemples d'Etats fictifs ayant adopté une attitude totalement opposée face à l'émergence d'un marché de l'édition virtuelle. L'un des Etats fictifs est un pays d'abondance informationnelle qui a su tirer parti des possibilités offertes par l'Internet, la numérisation des livres et l'impression à la demande; l'autre pays que nous avons appelé pays de la rareté informationnelle a voulu reproduire dans le secteur de l'édition numérique les schémas de l'édition traditionnelle, liés à la matérialité du livre.

1: **Le choix de l'abondance informationnelle**

Dans le pays, qui a fait le choix de l'abondance informationnelle, le droit sert à promouvoir la circulation des livres et à lutter contre toute forme de censure. Tous les auteurs peuvent être publiés. Les versions électroniques des livres sont vendues à des microprix. L'Etat a calculé qu'il n'est pas intéressant de prélever des taxes (comme la TVA) sur la vente des livres électroniques, car ces prélèvements impliquent de nombreux frais de mise en place d'outils informatiques, une intrusion dans la vie privée des citoyens et un contrôle de ces mêmes citoyens non conforme à la constitution. D'autre part, cet Etat s'est aperçu que la circulation accrue des livres électroniques crée un accroissement de la richesse économique matérielle sur son territoire sur lequel il lui est plus facile de prélever, avec les moyens traditionnels, des impôts que dans le monde virtuel. Il a donc décidé de libérer totalement de toute fiscalité le marché électronique de l'édition. Dans cet Etat, tous les budgets publics qui pourraient être consacrés au développement de logiciels de contrôle des citoyens en vue de prélever des taxes et de lutter contre l'évasion fiscale sont utilisés pour promouvoir des technologies aptes à faciliter les transactions et à offrir le plus grand choix possible de livres à des prix très bas. Etant donnés les microprix des livres électroniques, des systèmes de paiement ont été mis en place qui ne nécessitent pas l'identification de l'acheteur lorsque celui-ci ne souhaite pas être identifié. Il s'agit de cartes prépayées et d'autres moyens préservant l'anonymat des acheteurs et évitant les prélèvements généralement opérés par les banques sur les transactions effectuées dans le réseau Internet. Dans ce pays, les détenteurs de droits d'auteur ont bien compris qu'ils doivent compter avec les lecteurs s'ils veulent que leurs droits soient respectés. Au lieu de dépenser des sommes considérables pour faire sécuriser leurs livres électroniques par des tiers, ils préfèrent vendre leurs livres (légèrement sécurisés par eux-mêmes) à des microprix et faire des campagnes régulières rappelant aux consommateurs que c'est grâce au respect des droits des auteurs que les livres électroniques pourront continuer à être vendus à des microprix et que l'abondance informationnelle ainsi crée pourra se maintenir. En d'autres termes, dans ce pays, les consommateurs n'ont plus aucun intérêt à pirater ou à favoriser le piratage des livres. Le piratage des oeuvres numériques est de toute façon devenu pratiquement inintéressant pour les consommateurs qui le considèrent comme un acte dénué d'intérêt pratique eu égard à la disproportion entre le risque (pénal) encouru et le prix dérisoire à payer pour acquérir légalement un livre électronique. Les entreprises d'informatique, qui dans d'autres pays consacrent leur temps à rechercher des moyens électroniques de protection des fichiers, se consacrent ici à la recherche de solutions pour rendre les livres électroniques plus attrayants pour les lecteurs. Dans le pays d'abondance, les techniques d'impression à la demande sont déjà largement répandues. Ce pays est un véritable paradis (même fiscal) pour les auteurs du monde entier qui peuvent y être publiés dans leur langue ou dans la langue internationale et entrer presque instantanément dans les réseaux de distribution électronique de ce pays, devenus mondiaux. Dans ce pays, les idées circulent beaucoup plus vite, sans antécédent dans l'Histoire de l'humanité. L'accélération de la circulation des idées a pour effet d'entraîner tous les secteurs de l'économie, sans compter la multitude d'emplois qualifiés créés uniquement par l'entrée massive sur le marché de l'édition d'auteurs nationaux et d'auteurs étrangers venus du monde entier. La circulation des idées entraîne avec elle une abondance informationnelle, une stimulation intellectuelle sans précédents et cela fait boule-de-neige. Dans ce pays, il n'y a pas de livres électroniques gratuits (sauf cas exceptionnels), mais il n'y a pas non plus de livres électroniques chers (sauf cas exceptionnels aussi). Presque tous les livres sont accessibles en version électronique pour un prix dérisoire. Ce qui a pour principale conséquence que les lecteurs vont dans les bibliothèques seulement parce qu'ils en ont envie et non pas parce qu'ils n'ont pas les moyens ou n'ont pas envie de payer un prix élevé pour lire des livres. De plus, parfois le prix du transport à payer pour se rendre à la bibliothèque publique la plus proche permet de se procurer un ou plusieurs livres électroniques sans avoir à se déplacer. Dans ce pays, paradoxalement, les bibliothèques sont très riches en livres alors qu'elles n'achètent pas de livres! En fait, elles reçoivent gratuitement de tous les éditeurs des versions imprimées de tous les livres qu'elles souhaitent recevoir. En échange, elles indiquent dans leurs catalogues électroniques comment le lecteur peut se procurer une version électronique à un microprix de l'ouvrage dont la version imprimée a été offerte gratuitement par l'éditeur à la bibliothèque. Les budgets des bibliothèques sont presque entièrement consacrés à tout autre chose qu'à l'achat de livres. Les bibliothèques font parfois office de librairies électroniques ou de services d'impression à la demande. Ce sont des services payants, tandis que l'accès aux livres imprimés est demeuré gratuit pour tous. Les bibliothèques jouent un rôle important d'animation culturelle et d'aide à la localisation des ressources intellectuelles dans le monde. Elles sont aussi, et c'est leur rôle principal, les gardiennes de la mémoire de l'humanité. En effet dans le pays d'abondance, il a été décidé que les bibliothèques assureraient en réseau la conservation des versions imprimées des livres pour que le pays, en cas de catastrophe naturelle, de panne d'électricité ou d'action terroriste ne se trouve pas soudainement privé de sa " mémoire collective" par l'effacement ou l'impossibilité d'accéder à l'information numérisée. De plus, les bibliothécaires ont estimé que la conservation des livres en version imprimée leur évite d'être tributaires de changements de supports et de technologies qui rendent inutilisables les anciens livres électroniques en dépôt. Par ailleurs, les bibliothèques gèrent les centres de dons de livres imprimés, ou électroniques. Ces dons peuvent être faits par tous, sans porter préjudice aux droits des auteurs. Ils peuvent par exemple être faits en faveur de personnes qui vivent dans un pays pauvre et ne peuvent même pas payer les microprix des livres. Ces livres sont offerts volontairement par toute personne y compris par certains auteurs qui peuvent décider d'offrir gratuitement un certain nombre de versions électroniques de leurs ouvrages. En plus de leur rôle de conservation physique des livres imprimés, les bibliothèques travaillent en réseau pour constituer des catalogues mondiaux de l'édition. Dans ces catalogues, toutes les oeuvres existantes sont répertoriées et ce gratuitement pour tous les auteurs et toutes les maisons d'édition. L'Etat contribue aussi à diffuser les oeuvres culturelles nationales en offrant des livres aux pays qui en ont besoin. Dans le pays d'abondance, généreux et accueillant, des livres sont désormais publiés dans toutes les langues, et les règles du dépôt légal et du copyright ont été adaptées en conséquence. Le dépôt légal est devenu virtuel et les livres sont déposés sous leur forme électronique uniquement. En fait, ce dépôt sert principalement à alimenter les bases de données des livres disponibles dans le pays, car ce sont désormais les bibliothèques publiques qui deviennent de plus en plus nombreuses qui ont relayé les services de dépôt légal pour la conservation d'exemplaires imprimés des oeuvres publiées. Le circuit de distribution des livres dans le pays d'abondance est national d'abord, mondial ensuite. Les catalogues sont disponibles en plusieurs langues. Ils contiennent des ouvrages dans toutes les langues du monde qui peuvent être téléchargés à distance ou imprimés à la demande dans le pays où vit le consommateur final. A l'intérieur même du pays, tous les moyens matériels nécessaires à la circulation des livres obéissent à une politique de vente favorable à la circulation des livres. Par exemple, c'est dans ce pays, que les cartouches d'encre coûtent le moins cher! Alors qu'ailleurs leur prix dissuade encore les particuliers qui aiment lire des livres imprimés, d'acheter des livres électroniques qui, une fois imprimés chez eux coûtent finalement parfois plus cher que les versions imprimées par l'éditeur. Ainsi les anciens fabricants d'imprimantes qui avaient fini par investir dans des cartouches à puce, impossibles à recharger ont cessé cette pratique et utilisé leurs budgets de recherche dans ce domaine pour perfectionner les imprimantes et vendre eux aussi des livres. Dans le pays d'abondance, les gens peuvent acheter des livres presque partout, et pas seulement chez les libraires. Par exemple, les salons de coiffure où autrefois ils ne trouvaient que quelques magazines tabloïdes à feuilleter sont devenus à présent des bibliothèques virtuelles d'une extraordinaire richesse, car une machine d'impression à la demande reliée à l'Internet leur permet d'acheter pour un prix très modeste un ouvrage qu'ils pourront emporter avec eux, ou une version électronique seulement qu'ils téléchargeront dans leur matériel de lecture de livres électroniques. Etant donné que dans le pays d'abondance le marché de l'édition est désormais ouvert à tous les auteurs qui ont envie d'y entrer qu'ils soient nationaux ou étrangers, des pans entiers de la vie intellectuelle et de la recherche de pointe ont été dynamisés tant par les idées nouvelles venues d'autres pays que par la levée interne des mesures déguisées de censure qui survivaient encore principalement dans les milieux de la recherche et dans les universités. La prospérité drainée par l'expansion du marché de l'édition a permis de financer la création de nombreux instituts de recherche et d'enseignement qui ont créé des emplois pour des chercheurs de plus en plus nombreux. Dans ces instituts de recherche, de nombreuses équipes pluridisciplinaires se sont consacrées en toute liberté intellectuelle à la recherche sur le fonctionnement du cerveau humain pour comprendre comment fonctionne le cerveau créatif. Des découvertes fondamentales ont été faites dans ce domaine, et le pays d'abondance a déposé un nombre de brevets d'invention aujourd'hui à peine imaginable dans tous les domaines-clefs de la connaissance. L'Etat du pays d'abondance est finalement très satisfait de la politique d'exonération d'impôts et de taxes sur les livres électroniques. Une telle politique a permis au marché du livre virtuel de se développer de façon considérable et de ce fait a généré beaucoup plus de recettes que celles qui auraient pu être générées en taxant d'emblée la vente des livres électroniques. Grâce à cette politique, les auteurs dans tous les domaines et de tous les pays sont automatiquement exonérés d'impôts, de charges sociales et fiscales et de déclaration de revenus liés à leurs activités d'édition tant que les revenus ne dépassent pas un certain seuil. En revanche, les auteurs nationaux sont autorisés à déduire de leurs autres revenus les frais qu'ils ont engagés pour faire publier et faire circuler leurs livres, ce jusqu'à un certain plafond. Dans le pays d'abondance, il y a très longtemps qu'ont été abandonnées les politiques de subvention à l'édition, d'une part parce qu'elles ralentissent considérablement la circulation des idées, étant donné le temps nécessaire à la prise de décision administrative. D'autre part, parce qu'elles sont devenues inutiles étant donné que le marché de l'édition est le secteur le plus prospère de l'économie. C'est le secteur qui génère le plus de richesses surtout à l'exportation étant donné que de nombreux autres pays ont adopté des politiques de rareté. Bien sûr, tous ces bienfaits ne se sont pas produits en un jour. Il a fallu attendre que les mentalités évoluent, que le public prenne conscience de son rôle et de sa responsabilité dans le respect des droits des auteurs, que toutes les formes déguisées de censure qui existaient encore dans ce pays pourtant libéral disparaissent progressivement. De temps en temps le pays d'abondance a eu à surmonter quelques crises: panne d'électricité gigantesque qui l'a amené à revoir sa politique énergétique. Attaques terroristes qui l'ont amené à décentraliser et à fonctionner en réseaux beaucoup moins fragilisés par les risques d'attaque et les virus informatiques. Tous les centres de recherches ont été mobilisés pour réfléchir et mettre en place des stratégies pour parer à tous ces inconvénients. Le bilan est que la politique du pays d'abondance a permis un progrès humain, économique et social sans précédent. A tel point qu'un véritable fossé intellectuel, social, économique et technologique s'est creusé entre le pays d'abondance et le pays de rareté qui est loin d'avoir connu une telle évolution. Que s'est-il passé pendant ce temps dans le pays de rareté informationnelle?

2: **Le choix de la rareté informationnelle**

Dans le pays de la rareté informationnelle, les décideurs ont adopté une politique de rareté principalement parce qu'elle est très avantageuse pour une catégorie d'agents économiques. Ces derniers n'ont aucune envie de changer le *statu quo* de l'édition traditionnelle. Leur intérêt est de reproduire dans le monde de l'édition virtuelle toutes les conditions qui dans l'édition traditionnelle permettent qu'ils dominent le marché, contrôlent le flux des idées et ferment l'accès de ce marché à de nombreux compétiteurs. Ces agents économiques bénéficient du soutien de leur Gouvernement qui comme eux a intérêt –lui, pour des raisons essentiellement fiscales- à contrôler les flux du marché de l'édition virtuelle. L'Etat, de son côté, utilise tous les moyens possibles pour contrôler la circulation des livres électroniques et a mis en place tant bien que mal, des moyens de prélèvement automatique des taxes et impôts sur ce secteur de l'édition. De lourdes contraintes administratives résultant de la lutte étatique contre l'évasion fiscale s'ajoutent à ce contexte. De ce fait, la production et la circulation des livres sont considérablement ralenties par des obstacles matériels, administratifs et psychologiques. Dans ce pays de rareté, l'existence des technologies d'impression à la demande ne permet pas comme dans le pays d'abondance l'afflux massif sur le marché éditorial de nouveaux auteurs. Cela tient à deux raisons essentielles, l'une fiscale, l'autre liée à la politique de la rareté. Au contraire du pays d'abondance -ou tout auteur peut se lancer librement sans aucune contrainte fiscale et administrative, et ne payer des impôts qu'à partir d'un certain seuil de bénéfices et après avoir effectivement perçu des revenus- dans le pays de rareté, le régime fiscal des petites structures d'édition et des auteurs autoédités est particulièrement dissuasif. En effet, tout nouvel auteur autoédité est considéré comme une nouvelle entreprise et doit payer des charges sociales conséquentes avant même d'avoir vendu un seul livre. Le statut social et fiscal des auteurs autoédités fait que dans le pays de rareté l'autoédition demeure une entreprise risquée malgré les nouvelles technologies qui dans le pays d'abondance ont permis d'en faire une activité comportant un risque proche de zéro. Malgré ce statut fiscal et social particulièrement défavorable, de nouvelles formes de maisons d'édition voient le jour grâce à ces nouvelles technologies d'impression à la demande. Malheureusement, elles ont l'idée de profiter de la situation très déséquilibrée entre l'offre d'œuvres (beaucoup d'auteurs) et la demande (peu d'ouvrages sélectionnés pour la mise sur le marché) pour offrir aux auteurs des contrats manifestement déséquilibrés et pour continuer à sélectionner les auteurs admis sur le marché. Dans ce pays, finalement les auteurs passant par le circuit de l'édition à la demande sont encore plus désavantagés que les autres auteurs, car ces maisons d'édition non traditionnelles n'ont aucune possibilité d'accéder au circuit très fermé de distribution et de diffusion des livres. En effet, alors que dans le pays d'abondance ces circuits sont ouverts à tous sans discrimination et que chaque nouvelle œuvre est répertoriée dans les bases de données commerciales de l'édition, dans le pays de rareté l'accès aux circuits commerciaux et l'inscription dans les bases de données professionnelles sont réservés seulement aux maisons d'édition traditionnelles utilisant les technologies offset, imprimant et stockant un grand nombre d'exemplaires de chaque livre mis sur le marché. En plus de ne pas pouvoir figurer dans les catalogues et bases de données commerciales, les livres publiés grâce aux nouvelles technologies (parfois autoédités) sont même refusés au dépôt légal. De ce fait, pour les libraires et pour les consommateurs ces nouveaux livres n'existent pas. Au pays de la rareté, malgré l'avancée des technologies de la communication, l'information sur les livres disponibles ne circule pas très bien. Les livres imprimés à la demande et l'édition électronique sont marginalisés, tant et si bien que les nouvelles technologies n'ont presque aucun effet de dynamisation et d'ouverture du marché de l'édition. Celui-ci continue comme autrefois à ne proposer qu'un nombre réduit d'auteurs, selon des critères essentiellement commerciaux ou selon des critères dits de "qualité" pour tout le secteur subventionné par l'Etat. La "censure" commerciale joue à fond, ainsi que la censure de l'élite universitaire et de l'élite de la recherche qui ne laissent passer que les oeuvres de "qualité", c'est-à-dire la plupart du temps celles qui ne "gênent personne". Dans le pays de rareté, le prix des livres, même en version électronique, reste anormalement élevé, ce qui contribue à un taux anormalement élevé de piratage des oeuvres et à une attitude générale de tendance du public au non-respect des droits des auteurs. Le marché de l'édition numérique ne décolle pas et le piratage sévit, malgré la panoplie des technologies antipiratage mises en place et malgré des lois pénales censées être dissuasives. Comme les bibliothèques sont devenues payantes et très pauvres dans le pays de la rareté, le marché des oeuvres piratées est devenu très florissant et des budgets énormes sont consacrés à la lutte contre les pirates. Le développement de ces activités informatiques de piratage pose d'ailleurs un problème important pour la sécurité de l'Etat lui-même. En effet, toutes les mesures de contrôle des citoyens à des fins essentiellement fiscales ont eu pour résultat inattendu de mettre le pays de rareté à la merci d'une prise de contrôle informatique de l'Etat par des pirates. Dans ce pays, les techniques de contrôle informatique des citoyens mises en place par l'Etat peuvent à tout instant se retourner contre cet Etat au profit des pirates informatiques, d'où le cercle vicieux d'une propension accrue au contrôle des citoyens et à la restriction des libertés publiques. Sa propre sécurité est un souci constant pour l'Etat du pays de rareté qui consacre des budgets publics à la sécurité informatique qui dans certains secteurs d'activités souvent enflent jusqu'à dépasser ses recettes. Malgré cette situation pesante, le *statu quo* dure un certain temps sans problème majeur pour le marché de l'édition et pour les acteurs qui l'animent. Les citoyens du pays de la rareté continuent d'acheter tant bien que mal des livres relativement chers et peu variés. Les bibliothèques pourtant pauvres sont pleines, car les gens ne veulent pas ou ne peuvent pas payer un prix élevé pour lire. Le milieu de l'édition a tenté de régler le problème en faisant voter par le gouvernement une loi instituant le prêt payant dans les bibliothèques, mais les lecteurs ont trouvé beaucoup d'astuces pour détourner cette loi.

Malgré tout, le pays de la rareté profite un certain temps de cette politique, car le marché national est captif. En effet, d'une part les citoyens du pays de la rareté ne lisent pas dans une langue internationale et d'autre part les pays étrangers soit ne publient pas de livres dans la langue du pays de la rareté, soit s'ils en publient ne peuvent pas les diffuser sur le territoire bien gardé du pays de la rareté. Avec le temps, pourtant la situation se retourne au détriment du pays de la rareté, et les choses vont très vite. C'est d'abord le marché de l'édition qui subit le contrecoup de la politique de création artificielle de la rareté. Dans l'intervalle, les auteurs de ce pays, rejetés par le marché traditionnel et ne pouvant trouver des conditions favorables à l'autoédition dans leur propre pays font publier leurs livres dans le pays d'abondance sans même se déplacer. Ces auteurs sont nombreux, car dans le pays de la rareté, la conjonction d'un système éducatif très bon marché et d'un taux de chômage très élevé fait que de nombreuses personnes accèdent à un niveau élevé d'études quelle que soit leur origine sociale, mais ne trouvent pas d'emploi ensuite, ce qui leur laisse tout leur temps pour réfléchir et pour écrire. D'ailleurs avec le minimum vital que le pays de rareté leur verse, c'est le loisir qui leur est le plus accessible. Dans le pays de la rareté, il existe donc beaucoup plus d'auteurs hors-circuit que d'auteurs dans le circuit de l'édition très fermé. Tous ces auteurs sont très bien accueillis par le pays d'abondance qui désormais publie tous les auteurs dans toutes les langues et dans la langue internationale. Grâce aux technologies d'impression à la demande, le pays d'abondance n'a plus besoin d'être présent sur le territoire du pays de la rareté pour l'inonder de ses produits éditoriaux. Beaucoup d'entre eux sont désormais publiés dans la propre langue du pays de la rareté et produits par ses propres écrivains, et parmi eux les plus originaux, exclus du marché traditionnel de l'édition. De plus, les habitants du pays de la rareté lisent de plus en plus dans la langue internationale, car c'est pour eux le moyen de lire des livres électroniques beaucoup moins chers, diffusés par le pays d'abondance ou d'accéder à des idées nouvelles, surtout dans le domaine de la recherche. Finalement, le pays de la rareté perd toute possibilité de contrôle sur la circulation des livres imprimés sur son propre territoire étant donné tout le réseau d'imprimantes à la demande, sans compter qu'il ne peut non plus contrôler la circulation des livres électroniques. Toute la richesse pourtant créée par les écrivains du pays de la rareté a été déviée vers le pays d'abondance. Le comble c'est que désormais, le pays de la rareté doit importer ses propres productions intellectuelles. Le pays de la rareté se trouve complètement inondé des productions du pays d’abondance beaucoup moins chères, plus variées et plus intéressantes. Le pays de rareté qui n’a pas su tirer parti des nouvelles technologies a pris un retard technologique et intellectuel considérable. De plus, les nombreux pirates présents sur le territoire du pays de la rareté facilitent la tâche “d’invasion culturelle” de la part du pays d’abondance. Le plus gros problème dans tout cela, c’est le fossé qui en quelques années s’est creusé entre le pays de la rareté et le pays de l’abondance, au risque de faire apparaître le pays de la rareté comme un pays culturellement sous-développé et en tout cas sous domination intellectuelle étrangère alors que c’était ce que le pays de rareté redoutait le plus. Peu à peu, le pays s’est vidé des auteurs, des graphistes, des informaticiens, des artistes, des traducteurs, des chercheurs qui soit ne trouvaient pas d’emploi dans le pays de la rareté, soit trouvaient l’atmosphère du pays d’abondance plus propice. Parmi tous les auteurs autrefois exclus par l’édition traditionnelle se trouvent les éléments les plus créatifs exclus par les élites en place, sous prétexte de “qualité”. Toute cette force vive inutilisée dans le pays de la rareté s’en est allée enrichir le pays d’abondance qui a su profiter des nouvelles technologies pour exploiter toute cette richesse. Grâce à cet afflux d'idées nouvelles, le fossé entre le pays d'abondance et le pays de rareté s'est creusé de manière irréversible: le nombre de dépôts de brevets d'inventions du pays d'abondance a explosé. Le pays de rareté publie un nombre ridicule de "nouveautés" chaque année en comparaison avec le nombre de livres publiés dans le pays d'abondance. Dans le pays d'abondance, de nombreuses universités, centres de recherche et instituts ont été créés et attirent des chercheurs et des étudiants du monde entier. Dans le pays de la rareté, les bibliothèques sont rares et pauvres, alors qu'elles sont légion dans le pays d'abondance et qu'elles y sont fréquentées non par mesure d'économie, mais pour le plaisir de la convivialité intellectuelle. Dans le pays d'abondance, en fait le dense réseau de bibliothèques participe à la promotion des livres. Bref, le pays d'abondance a fait un progrès intellectuel considérable. Grâce à la déviation à son avantage des flux intellectuels de tous les pays de rareté, il domine le monde dans tous les domaines de la pensée humaine et de la recherche scientifique et dispose d'un pouvoir sans contrepoids sur l'héritage et sur le devenir culturels de l'humanité.

Les deux exemples que nous avons pris sont bien évidemment fictifs et exagérés, mais nous pouvons en tirer de nombreuses leçons.

CHAPITRE 5

Leçons à tirer de ces choix et autres observations sur les mutations du monde de l'édition

1: L'organisation de la rareté informationnelle est une impasse qui à terme ne profite à personne

Le monde matériel et le monde virtuel n'obéissent pas aux mêmes lois de fonctionnement. Si dans le monde de l'édition traditionnelle la politique de rareté peut paraître avantageuse, il n'en va plus de même dans le monde de l'édition virtuelle. La politique de rareté mène à une impasse. En effet, en raison des lois de fonctionnement spécifiques du monde virtuel en synergie avec le monde matériel, l'organisation de la rareté informationnelle se retourne très rapidement contre ceux qui la mettent en place. Dans un précédent ouvrage consacré au droit de l'Internet[20] nous avons présenté l'exemple du Minitel français pour illustrer le fait que l'utilisation abusive des outils modernes de communication en vue d'organiser artificiellement une rareté informationnelle est économiquement, techniquement et socialement préjudiciable.

Dans le cas du Minitel, le contrôle centralisé du réseau avait permis d'utiliser cet outil à contre courant de sa vocation qui était de démocratiser l'accès à l'information. Une telle utilisation fit perdre à la France l'avance technologique et sociale qu'elle aurait pu espérer du Minitel, alors outil de communication d'avant-garde. L'utilisation du Minitel à contre-courant de sa vocation ne favorisa pas son évolution technologique. Devenu rapidement obsolète, il fut dépassé par l'Internet. Aujourd'hui, dans l'Internet la tentation est grande d'utiliser les logiciels de gestion des droits d'auteurs pour continuer à vendre les versions électroniques d'œuvres littéraires et artistiques à un prix trop élevé et en imposant trop de restrictions d'utilisation au lecteur. Dans un tel cas, personne ne tire vraiment parti des potentialités offertes par les nouvelles technologies de communication pour accélérer la circulation des livres, des idées. L'abondance informationnelle à laquelle pourrait donner lieu l'utilisation des nouvelles technologies ne se produit pas. Concrètement, l'observation actuelle du marché du livre électronique montre que les professionnels ont une propension à reproduire dans le marché de l'édition virtuelle les modèles de distribution du marché du livre imprimé. Nous retrouvons donc dans le marché du livre électronique: des distributeurs et même des libraires. Les distributeurs détiennent dans leurs bases de données un grand catalogue de titres électroniques. Après avoir sécurisé ces titres en accord avec les éditeurs, ils autorisent les libraires en ligne qui ont signé une licence à les vendre aux lecteurs. Le distributeur retient comme dans le cas des livres imprimés une marge conséquente pouvant aller jusqu'à 55% du prix de vente du livre électronique. Quant aux éditeurs, la plupart du temps ils ne sont pas en mesure pour des raisons d'accès financier à la technologie de vendre eux-mêmes les livres électroniques qu'ils ont publiés.

En effet, la présence de ces grossistes a été rendue artificiellement nécessaire par le prix prohibitif d'accès aux technologies informatiques de sécurisation (en anglais DRM Digital Rights Management) des fichiers électroniques. En d'autres termes, pour le moment, les logiciels qui devraient permettre aux éditeurs (ou aux auteurs) de sécuriser eux-mêmes leurs fichiers informatiques sont d'un prix prohibitif eu égard aux très faibles revenus générés par un marché qui a beaucoup de mal à démarrer. Etant donnés ces coûts trop élevés, les éditeurs utilisent les services des distributeurs et grossistes en livres électroniques qui prélèvent une commission importante sur chaque vente. Dans certains pays, une TVA à un taux de 19,60 %, les prélèvements bancaires pour les opérations de paiements sécurisés, et la marge du grossiste et des libraires en ligne, rendent impossible la vente de versions électroniques d'ouvrages à des microprix. Il n'y a rien d'étonnant dans ce contexte à ce que le marché de l'édition électronique ne se développe pas. Ni le marché de l'édition, ni les lecteurs, ni personne ne profite de l'abondance informationnelle et de la prospérité matérielle qui auraient pu être générées par une utilisation plus adéquate des nouvelles technologies et une coopération plus généreuse aussi bien des Etats que des opérateurs économiques.

2: La mondialisation du marché de l'édition nécessite une autre approche

Contrairement à ce que pensent certains auteurs, l'Internet ne signe pas l'arrêt de mort de la protection des auteurs et du marché classique de l'édition. Il n'est qu'un outil à notre disposition, à nous de savoir l'utiliser. Cependant, il faut prendre conscience que pour développer le marché de l'édition il est nécessaire d'élargir les perspectives. Même si le livre a besoin d'un marché et de ses lois pour circuler, il ne faut pas faire l'erreur de se limiter à la notion de marché et à ses lois traditionnelles. Sous peine d'échec, une approche globale du phénomène de l'édition s'impose. Les multiples projets de bibliothèques universelles[21] élaborés depuis l'Antiquité et actualisés par le projet de Google Livres démontrent bien le rôle de conservation et de transmission de la mémoire collective qu'a toujours joué le livre. Dans la chaîne de la mémoire culturelle interviennent traditionnellement auteurs, éditeurs, bibliothèques et libraires et aussi les lecteurs, qui contribuent tous ensemble à faire circuler les idées et à faire de la mémoire culturelle de l'humanité une mémoire vive en perpétuelle transformation. A travers la circulation des idées, transformées en paroles écrites, c'est la Vie elle-même qui circule comme l'affirmaient les anciens Egyptiens. En effet, auteurs, éditeurs, libraires, bibliothèques[22] et lecteurs forment la boucle de la circulation. Négliger un ou plusieurs de ces maillons a pour résultat incontestable de freiner la circulation du livre et le développement de son marché. Si les auteurs ne peuvent être rémunérés pour leurs créations, c'est la source même qui se tarit à terme. Si les éditeurs ne remplissent plus leurs rôles d'intermédiaires, les ouvrages ne peuvent circuler pour atteindre leurs destinataires. Si les lecteurs n'ont pas les moyens ou le désir d'acheter des livres alors il n'y a plus de marché. Dans ce cas, c'est toute l'industrie du livre qui est menacée et à terme toute la production intellectuelle et la stimulation intellectuelle qui s'ensuit.

Permettre aux auteurs d'être payés pour le travail qu'ils ont réalisé en leur octroyant un monopole légal, c'est contribuer à la circulation des idées.[23] Mais la meilleure protection qui soit du droit des auteurs, c'est la volonté des personnes de le respecter et de donner à l'auteur quelque chose en échange de sa production. Hélas, malgré les diverses campagnes publicitaires destinées à sensibiliser l'opinion publique, trop de personnes continuent à "interrompre le cercle des échanges", au motif que le prix à payer pour le livre serait beaucoup trop élevé. L'utilisation de l'Internet, en réduisant à presque zéro de nombreux postes de dépenses liés à l'édition imprimée doit permettre de diffuser les livres à des prix très réduits sous forme électronique. Ceci n'empêchera pas le livre classique de continuer à exister, probablement sous la forme d'un livre de belle qualité et sous forme de livre imprimé à la demande. Quel intérêt aurait un lecteur potentiel à se déplacer dans une bibliothèque pour consulter sur place, photocopier ou emprunter un ouvrage qu'il pourrait obtenir sur l'Internet pour une somme dérisoire eu égard au coût actuel du livre imprimé, et aux frais de transport nécessités pour se rendre dans une bibliothèque? Contrairement à ce que pensent certains auteurs,[24] ce n'est pas en retenant l'information et en la diffusant au compte-gouttes, grâce à l'utilisation massive des "codes informatiques" que nous parviendrons à protéger efficacement et durablement les auteurs. L'Histoire de l'informatique prouve qu'une telle attitude, loin d'aboutir à une protection efficace des auteurs et à une préservation du marché du livre, ne peut conduire qu'à une inflation des "codes" et à une incitation, à déjouer de tels codes.[25] Une telle utilisation de la technique informatique même si elle ne peut pas être, comme nous le verrons plus loin, efficace à 100 % s'apparente à l'attitude adoptée en leur temps par les pouvoirs publics français avec le Minitel. Nous avons expliqué dans un livre précédent[26] qu'une telle démarche n'a pas produit l'abondance et qu'elle a fait manquer à la France de sérieuses opportunités. Ne répétons pas la même erreur avec les nouvelles technologies. Dans le monde de l'édition numérique, la logique de la rareté est inopérante et cette assertion trouvée dans un rapport officiel est erronée:

> "Il n'y a d'économie que lorsqu'il y a rareté et attrait pour cette rareté de la part du public"[27] " Dans le cas du livre imprimé, chaque objet a son prix. Le livre objet, c'est un univers de rareté, dont l'équation économique est claire. La création de contenus est rémunérée. Le support physique permet cette rémunération.... La numérisation de la monnaie permet le paiement dans un univers numérique. Il convient donc de mettre en oeuvre des solutions techniques, créatrices de rareté."[28]

Le monde virtuel obéit aux lois économiques de l'abondance et non aux lois économiques du monde matériel de la rareté. Ne construisons pas avec l'aide des logiciels un univers de rareté préjudiciable à tous,[29] alors que nous avons les moyens techniques, pour la première fois de notre Histoire de créer un marché de l'édition extrêmement prospère et généreux. En vendant les livres électroniques à un petit prix, l'auteur et l'éditeur recevront non seulement la part qu'ils recevaient avec le livre imprimé, mais aussi beaucoup plus que ce qu'ils reçoivent actuellement de tous les lecteurs effectifs ou potentiels qui refusent de payer le prix élevé d'un livre imprimé. Le livre imprimé trouvera toujours ses acquéreurs traditionnels (et intéressera aussi peut-être ceux qui l'auront apprécié dans sa forme électronique).[30] Il pourra aussi servir de vitrine présentant le livre électronique. Une stratégie d'accélération de la diffusion d'un livre pourrait même consister pour un éditeur en un don d'exemplaires aux bibliothèques publiques en échange de la mention dans leurs catalogues de l'existence du même livre sous forme numérique à un prix modique. Tout le monde devrait ici trouver son compte: l'auteur, les libraires, les bibliothèques et aussi les lecteurs. Tout le marché de l'édition pourrait se trouver dynamisé avec ce système, alors que le maintien artificiel du prix élevé des versions électroniques d'ouvrages ne peut qu'inciter au piratage et favoriser ainsi une décroissance très significative du marché de l'édition, préjudiciable à tous. Nous pensons qu'il est primordial, étant donné le contexte économique actuel que le livre dans son ensemble demeure soumis aux lois d'échange du marché.

3: **La gratuité du livre directement contraire à la circulation des idées**

Contrairement à ce qu'estime Monsieur James J. O'DONNELL, le livre électronique ne doit pas devenir une denrée entièrement gratuite[31] (sauf cas exceptionnel et isolé), car cela interrompt le cercle des échanges et réduit la vitesse de circulation des idées. En effet, qui dans le cas de la gratuité du livre continuerait à écrire? Probablement des personnes aisées, des universitaires, des communautés religieuses, des fonctionnaires mandatés par l'Etat et quelques rares personnes parrainées par des entreprises. On en reviendrait à peu de chose près alors à la situation qui était celle des écrivains bien avant la Révolution française. Pas de véritables droits d'auteur et un contrôle très facile sur la circulation des idées. Ce serait un très regrettable retour en arrière, car l'Histoire a prouvé que les institutions comme l'Université, ou l'Eglise bien qu'ayant joué un rôle non négligeable dans l'accroissement et la conservation des connaissances de l'humanité, se sont aussi particulièrement distinguées en ce qui concerne le blocage des informations et l'élimination parfois physique des penseurs dérangeants et de leurs oeuvres. De nos jours, la censure continue d'exister même dans des pays apparemment très libéraux. Avec l'apparition d'un marché mondial de l'édition virtuelle, elle est appelée à se retourner complètement contre les pouvoirs qui tentent d'utiliser les nouvelles technologies pour maintenir une artificielle rareté informationnelle.

La conclusion la plus importante à tirer de cette première partie c'est qu'il est nécessaire d'utiliser les technologies de l'information dans un sens conforme à leur vocation qui est d'accélérer la circulation des idées. La mondialisation croissante du marché de l'édition en fait la seule option gagnante. Pour pouvoir atteindre ce but d'accélération de la circulation des idées, le marché de l'édition aurait besoin d'un cadre juridique plus approprié et plus stimulant. Dans la seconde partie de ce livre, nous allons voir quels concepts juridiques devraient être repensés et quelles devraient être les grandes lignes directrices d'un droit d'auteur propre à accompagner les transformations positives du monde de l'édition.

DEUXIEME PARTIE

PROPOSITIONS JURIDIQUES POUR ACCOMPAGNER LE DEVELOPPEMENT DU MARCHE DE L'EDITION VIRTUELLE

Nous avons vu dans la première partie que la philosophie dominante dans le milieu juridique à savoir le positivisme ne permet pas aux juristes de sortir des textes de lois existants pour se pencher sur la réalité d'un monde de l'édition en pleine mutation. De ce fait, la philosophie du droit n'a généré aucune réflexion novatrice qui permettrait au droit de s'adapter aux réalités de l'économie de l'édition virtuelle et d'accompagner efficacement le développement de ce marché. Malgré l'ampleur des mutations du monde de l'édition, les juristes continuent de faire "l'exégèse" du droit positif sans s'apercevoir à quel point les concepts juridiques traditionnels comme la propriété, le vol ou la conception aristotélicienne de la justice sont inadaptés au nouveau contexte de l'édition virtuelle. Dans les développements qui vont suivre, nous ferons un tour d'horizon des pratiques juridiques dans le domaine. Ensuite, nous expliquerons pourquoi des concepts comme la propriété littéraire et artistique et la justice au sens traditionnel sont inappropriés et nous proposerons d'autres solutions.

CHAPITRE 1

Le *statu quo* juridique

Comme l'affirmait dans une interview John Perry BARLOW, le monde moderne ne sait pas comment fonctionne l'économie de l'information. Dans la sphère du droit, ceci se traduit principalement par la velléité des juristes et des acteurs économiques d'appliquer au monde informationnel, par essence intangible, des pratiques juridiques et sociales conçues pour un monde matériel dominé par le concept de propriété. Dans le contexte du droit moderne, les oeuvres littéraires et artistiques sont des objets de propriété que l'on tente de protéger comme toutes les autres propriétés par la force, voire la violence, l'interdiction, les moyens électroniques antivol, etc... Ceci a pour conséquence que les législations sur le droit d'auteur au lieu d'être repensées de manière créative en tirant le meilleur parti de l'Internet et des nouvelles technologies ont tendance à accompagner les acteurs économiques qui souhaitent utiliser les nouvelles technologies pour maintenir -à n'importe quel prix- une rareté informationnelle, préjudiciable tout d'abord à eux-mêmes puis à tous et à l'avancement de notre civilisation. De ce fait, les lois deviennent de plus en plus nombreuses, coercitives, intrusives, et la plupart du temps aussi complexes qu'inefficaces en pratique. A tel point qu'un professeur spécialiste du droit d'auteur trouve la situation "d'une complexité décourageante."[32] De même les spécialistes du droit d'auteur ont du mal à s'orienter dans le labyrinthe juridique dont ils constatent l'extrême complexité. Les instances juridiques de tous les pays agissent sans aucune réflexion d'ensemble, sous l'emprise directe et la pression des grandes entreprises impliquées dans la distribution des oeuvres littéraires, et artistiques (Ceci est aussi le cas pour les œuvres musicales et cinématographiques). La situation actuelle laisse apparaître clairement que manquent à la fois une réflexion en profondeur sur la nature du droit des auteurs et une réflexion globale sur le fonctionnement de l'économie de l'information et sur l'Internet. Elle montre que le choix culturel qui devrait être fait par une société tout entière est en fait imposé par un groupe restreint d'individus qui tentent d'utiliser la technologie dans le sens contraire à sa vocation d'accélération de la circulation des livres, et des idées. L'économie de l'intangible n'obéit pas aux mêmes règles que celles qui régissent les échanges matériels. L'intangible est marqué par la loi d'abondance, tandis que l'économie des biens matériels est marquée par la rareté et par la loi de l'offre et de la demande. Du fait de cette différence essentielle, notre façon traditionnelle d'envisager la justice n'a plus sa place dans le monde de l'édition virtuelle.

CHAPITRE 2

Le concept traditionnel de justice inadapté au monde virtuel de l'édition

1: L'art de la justice comme source du droit

La philosophie dominante du droit ne peut englober l'art de la justice dans les sources du droit. De ce fait, l'enseignement universitaire des sources du droit s'arrête aux normes juridiques, aux sources jurisprudentielles et aux coutumes. Pour Hans KELSEN, auteur éminent du mouvement philosophique positiviste, il conviendrait d'exclure le désir de justice de la sphère du droit. En effet pour Hans KELSEN, un tel concept fait partie de la sphère du sentiment et doit être exclu au profit d'une approche rationnelle et objective du droit.[33] Or, sans le désir initial de justice, aucune règle juridique n'aurait pu voir le jour et de ce fait même le positivisme juridique n'aurait jamais pu exister.

Nous avons depuis si longtemps à notre disposition un arsenal juridique bien établi et codifié que nous avons tendance à oublier que le droit n'est pas en lui-même l'art de la justice, mais seulement sa résultante et qu'il est destiné à faciliter l'art de la justice. Le véritable art juridique, lui, consiste non pas à connaître et à tenter d'appliquer d'anciens textes nécessairement inadéquats à une situation tout à fait nouvelle, mais à imaginer les solutions pragmatiques pour équilibrer les rapports entre les personnes dans ce nouveau contexte. En d'autres termes, le véritable art juridique consiste à rechercher ce qui est juste et à inventer des solutions intelligentes au lieu de se limiter à se demander si tel ou tel texte du passé pourrait bien s'appliquer ou si nous sommes en présence d'un vide juridique. C'est la manifestation initiale d'un désir humain de justice qui a donné naissance au Droit. Les textes de droit n'ont fait que figer les résultats obtenus par l'art de la justice. Aussi, lorsque les circonstances réelles changent fondamentalement, comme c'est le cas aujourd'hui dans le monde de l'édition, le chemin le plus court pour trouver les solutions aux nouveaux problèmes juridiques n'est pas de se pencher sur les textes en vigueur, mais d'aller à la source et de s'interroger sur la justice. Au lieu de poser des questions de ce genre: Telle disposition du droit d'auteur est-elle applicable? Le droit d'auteur est-il meilleur que le copyright? Comment défendre la propriété de l'auteur? Il vaut mieux aller en amont et se demander: Qu'est-ce qui est juste dans le monde virtuel de l'édition? Quel concept de justice s'applique à ce monde là et dans quel but? Quelle est la façon la plus juste d'utiliser les nouvelles technologies? Une fois déterminé ce qu'est la justice dans le monde virtuel, alors il devient beaucoup plus facile d'élaborer des règles juridiques parce que nous savons quels sont la direction à suivre et le but à atteindre. Une fois déterminées les grandes lignes, rien ne nous empêche de tirer parti des matériaux juridiques utiles qui sont à notre disposition dans le droit positif, notamment des classifications fondamentales du droit. Réfléchissons donc à ce qu'est la justice dans le monde de l'édition virtuelle.

2: **Justice matérielle et justice virtuelle**

Dans le monde traditionnel, la justice est conçue comme l'art de partager équitablement les biens et les honneurs et de punir les personnes coupables d'actes injustes. Ce type de justice consistant à attribuer à chacun le sien est bien adapté au monde matériel dans lequel les biens et les honneurs existent en nombre limité. Il est tout à fait logique qu'un monde de rareté n'ait pu donner naissance qu'à une philosophie de la justice de la rareté. Une telle justice a pour but de partager ce qui existe déjà. En d'autres termes, elle équilibre les relations entre les personnes à propos de choses qui existent en nombre limité. Dans l'univers virtuel en général, la rareté n'a plus cours. C'est l'abondance qui règne. Alors que dans le monde matériel donner quelque chose à quelqu'un prive le donneur, dans le monde virtuel ce n'est plus le cas. Une idée peut se communiquer à l'infini sans cesser, en quelque sorte, de continuer "d'appartenir" à son émetteur. Dans le monde matériel, plus on reçoit plus on s'enrichit, dans le monde virtuel plus on donne, plus on communique, plus on a de possibilités de s'enrichir, intellectuellement et matériellement. L'immatérialité est synonyme d'une abondance sans limites, tout comme l'imagination humaine. Dans le monde virtuel où les "choses" existent en quantité illimitée, une justice qui consiste essentiellement à partager la pénurie n'a plus beaucoup d'utilité. Comme nous l'avons expliqué en détail dans notre ouvrage *Justice et Internet*[34] dans le monde virtuel, la justice est différente. Au lieu de se contenter d'être une justice distributive, elle peut faire mieux. Elle peut être créatrice d'abondance. Dans un contexte virtuel, la justice devrait avoir pour objectif non pas de partager la rareté qui n'existe pas, mais de favoriser la création d'une abondance pour tous, grâce à l'accélération de la circulation du flux informationnel. Est juste dans le monde virtuel, tout ce qui favorise la circulation des idées, étant donné qu'une telle circulation entraîne la prospérité. Est injuste tout ce qui bloque ralentit ou obstrue la libre circulation des idées.

Dans le monde matériel, la justice comme partage trouve à s'appliquer de façon cloisonnée sur un territoire national donné. Un Etat juste permet à ses citoyens de vivre dans un pays juste sans que cela ait beaucoup d'incidences sur les pays voisins. De même l'injustice matérielle peut elle aussi se limiter à un territoire sans grandes conséquences sur le territoire voisin. Dans le monde virtuel, il n'en va plus de même. Là, en effet, la justice (= libre circulation des idées) ou l'injustice (obstruction à la circulation des idées) d'un Etat rejaillit nécessairement sur tous les Etats du monde connectés a l'Internet. Une loi fondamentale du cyberespace est qu'un Etat injuste (c'est-à-dire qui tente de ralentir ou d'interdire sur son territoire la circulation d'informations) dévie automatiquement le flux des richesses qui accompagnent le flux des idées, vers des Etats plus justes au sens du monde virtuel, c'est-à-dire des Etats qui favorisent la libre circulation des idées. Dans le monde virtuel, l'injustice d'un Etat se retourne très rapidement contre lui-même. Nous avons déjà étudié les conséquences de l'injustice dans le monde virtuel de l'édition à travers l'exemple précédent de l'Etat fictif de la rareté informationnelle. Cet Etat, comme nous l'avons vu contrairement à l'autre Etat fictif qui avait utilisé les nouvelles technologies pour créer l'abondance informationnelle, avait adopté une attitude injuste en tentant de reproduire dans le monde virtuel la rareté qui est le lot du monde matériel de l'édition. De ce fait, cet Etat n'avait pu bénéficier du phénomène de création de richesse engendré par l'accélération de la circulation des idées. Après avoir déterminé qu'être juste dans le monde virtuel consiste à laisser circuler les informations, voyons à présent pourquoi la circulation des idées entraîne la prospérité.

3: **Justice virtuelle, circulation des idées et accroissement des richesses**

Il ressort des analyses économiques modernes que l'accroissement de la circulation des informations accroît la richesse matérielle.[35] L'Internet a eu un effet certain d'entraînement économique dans de nombreux pays et surtout aux Etats-Unis.[36] Là, Bill GATES s'adressant aux chefs d'entreprise leur a déclaré "Le flux informationnel est votre force vitale."[37] Au cours de notre Histoire, nous avons pu nous rendre à l'évidence que l'accroissement de la circulation des idées a été le moteur principal du développement de nos civilisations. L'invention de l'imprimerie par GUTENBERG, en rendant le livre moins cher a accéléré sa circulation entraînant de ce fait l'accélération du développement culturel et social du monde occidental. Mais aujourd'hui, l'Internet et les nouvelles technologies de l'édition permettent d'améliorer considérablement la situation actuelle du marché de l'édition. Ce marché est encore entravé par de nombreux obstacles:[38] matériels, économiques, psychologiques, institutionnels, ou linguistiques qui ralentissent voire empêchent la libre circulation des "livres". L'Internet est un moyen, qui utilisé à bon escient, peut nous permettre de lever bon nombre des obstacles traditionnels à la circulation du livre et de développer de manière considérable le marché de l'édition. Une accélération de la circulation des livres ne peut que conduire à une plus grande prospérité. Selon l'opinion d'économistes: "La diffusion des idées est désirable et nécessaire à la prospérité d'une société."[39] La justice dans le contexte de l'édition numérique consiste non pas à partager la pénurie, mais à créer une abondance informationnelle pour tous. Pour que ce type de justice puisse se développer, d'autres concepts fondamentaux du droit doivent être repensés pour une meilleure adaptation des systèmes juridiques au marché de l'édition virtuelle. Parmi les notions juridiques de base dans le domaine de l'édition, le concept de propriété littéraire et artistique constitue un handicap majeur à la nécessaire modernisation du droit et au changement d'approche économique de l'édition virtuelle.

CHAPITRE 3

Le concept juridique de propriété littéraire inadapté à l'édition virtuelle

Dans ce chapitre, nous poserons la question de savoir, si d'une manière générale le droit d'auteur peut être considéré comme un droit de propriété. Nous avons par ailleurs analysé le fait que le livre ne faisant que matérialiser une pensée intangible n'est en réalité qu'un message entre des personnes. Sa qualité première n'est donc pas celle d'être un objet tangible susceptible de propriété au sens traditionnel du terme. En effet, en raison des lois de la physique, aucune loi ne saurait permettre d'exercer un droit de propriété sur les idées.

1: La loi permet-elle de posséder une idée par nature intangible?

L'Internet en permettant au livre de circuler sous une forme dématérialisée, souligne sa nature intangible et nous rappelle l'impossibilité de maîtriser physiquement l'intangible. Les lois naturelles physiques ne permettent pas, contrairement à ce que laissent supposer les lois de nombreux pays, de posséder des idées et d'appliquer aux oeuvres littéraires le concept de propriété conçu à l'origine pour les objets matériels. De ce fait, nous ne pouvons qu'approuver Monsieur Geoffrey BROWN lorsqu'il estime que:

> "Bon nombre des difficultés qui surgissent au sujet des droits sur l'information proviennent des concepts de propriété et de possession."[40]

De nos jours, parler de propriété littéraire est devenu tellement banal qu'on ne songe généralement plus à s'interroger sur ce concept juridique.[41] De ce fait, la notion de propriété littéraire qui est un obstacle majeur à une saine réflexion sur la gestion juridique du statut des auteurs n'est jamais remise en question. D'une manière générale, les livres modernes consacrés au droit d'auteur ont pour titre "droit de la propriété littéraire et artistique". Pour cause, ils ne s'embarrassent plus de philosophie ou de théorie générale du droit. Ils se contentent de répertorier et de commenter les lois existantes nationales et internationales et d'opposer le système du copyright au système du droit d'auteur. Le droit d'auteur moderne dans son ensemble, d'où qu'il émane, tend à devenir de plus en plus vide de toute réflexion philosophique. Sans cette essence philosophique, ce droit est indifférent à la réalité. Il ne témoigne donc plus d'une réelle observation du fonctionnement de l'économie de l'édition. Dans le meilleur des cas, avant l'exposé des lois applicables, le lecteur aura accès dans l'introduction à quelques informations historiques sur l'évolution du droit d'auteur. Lorsque Mark ROSE écrit à juste titre:

> "De nombreux juristes se sont rendu compte des gênes occasionnées par le fait de traiter les textes littéraires comme des propriétés privées. Néanmoins, le concept de propriété littéraire est si profondément ancré dans nos sociétés que beaucoup de juristes et même des historiens du droit la considèrent comme une idée morale transcendante qui a existé en tout temps et en tout lieu."[42]

Il ne fait qu'exprimer une réalité rendue obligatoire par la "philosophie pure du droit" qui oblige les juristes à se cantonner à la connaissance et à l'application des normes juridiques.

En France, et dans de nombreux autres pays, le positivisme juridique est devenu obligatoire pour tous les juristes, à tel point qu'il suffit à des universitaires de sortir du cadre strict de cette philosophie pour se voir exclure de l'Université. Quant aux praticiens du droit qui ne s'intéresseraient pas à la philosophie, ils sont néanmoins tributaires de cette philosophie qui a orienté tout l'enseignement juridique qu'ils ont suivi. Ils sont positivistes bien souvent à leur insu comme l'estimait Michel VILLEY. Il faut donc se tourner vers d'autres spécialistes pour trouver quelques critiques de la notion de propriété littéraire et artistique. Des économistes ont observé que sur un plan tout à fait concret, il faut bien admettre que le concept de propriété est particulièrement inadéquat dans ce contexte.[43] Après avoir analysé le droit d'auteur, ils ont écrit:

> "Il est important de prendre conscience que, d'un point de vue économique, les propriétés intellectuelles ne sont pas des propriétés - au même titre que la propriété des biens tangibles- malgré l'utilisation de ce terme impropre qui prête à équivoque. Et les lois sur la propriété intellectuelle ne protègent pas ladite propriété, mais les intérêts des titulaires qui découlent de l'utilisation de cette propriété."[44]

Un autre auteur souligne en ces termes, l'incongruité de l'idée de propriété de l'information:

> "Il devrait être évident qu'il y a quelque chose de bizarre dans l'usage du concept de propriété dans ce contexte. L'information simplement considérée en tant que telle est vraiment le genre de chose qui ne peut être possédé, bien que comme nous le verrons elle puisse parfois être achetée et vendue."[45]

Certes, malgré l'affirmation du droit positif, les lois naturelles ne permettent pas d'être propriétaire d'une idée, parce que les idées ne sont pas des biens tangibles. Mais alors, pourquoi, en dépit du bon sens pratique le plus élémentaire, trouve-t-on encore dans les droits positifs[46] et même dans des ouvrages récents consacrés au "droit de l'Internet" l'affirmation que le droit d'auteur est un droit de propriété?[47]

De nos jours, le carcan du positivisme juridique s'est tellement resserré sur le monde juridique que celui-ci ne songe même plus à des discussions doctrinales sur la nature du droit d'auteur. Contrairement aux juristes de l'époque contemporaine, ceux qui préparèrent la Convention de Berne eurent des débats passionnés sur le sujet. A cette époque pourtant, faute de parvenir à un accord sur la nature du droit des auteurs, les juristes commencèrent à se détacher de ces réflexions doctrinales nombreuses, complexes et jugées infertiles. Malgré tout, cette question avait auparavant tellement passionné aussi bien les politiciens que les philosophes et les juristes qu'elle avait donné naissance à une multitude de doctrines sur la nature du droit des auteurs.[48] Ces théories sont beaucoup trop nombreuses pour que nous puissions les présenter dans le cadre de cette étude et nous vous renvoyons à l'ouvrage de Monsieur Pierre RECHT qui en a fait un exposé exhaustif.[49] Comme l'observe cet auteur, lors de la signature de la Convention de Berne, toutes ces querelles doctrinales n'empêchèrent pas d'aboutir à un accord quant aux mesures pratiques à mettre en oeuvre pour protéger le droit des auteurs.[50] Dans le même sens, dès 1908 Eugène POUILLET, pourtant partisan de la doctrine de la propriété littéraire avait lui aussi estimé que les questions doctrinales sur la détermination de la nature du droit d'auteur n'avaient pas grande importance. Il écrivait:

> "Constatons, d'abord, que la question n'a qu'un intérêt purement théorique, et que personne ne songe à dénier aux auteurs un droit sur leurs oeuvres; reste à savoir seulement comment on le nommera, car la querelle est surtout dans les mots; il importe assez peu, en définitive, dans la pratique, que le droit de l'auteur soit ou ne soit pas une propriété, dans le sens juridique du mot, dès l'instant qu'il est clairement défini, déterminé par la loi dans ses effets, dans son étendue, dans sa durée."[51]

L'Histoire explique donc pourquoi les réflexions philosophiques et doctrinales sur la nature juridique du droit d'auteur tombèrent en désuétude. L'esprit pratique suffisait à régler alors les problèmes de l'époque.

Aujourd'hui, les bouleversements du monde de l'édition ne permettent plus de faire l'impasse sur la question philosophique et doctrinale de la nature du droit d'auteur. Pour préparer le futur, nous devons être capables de comprendre le présent et de regarder ce qui se passe réellement dans le monde moderne de l'édition. Le concept de propriété littéraire, utile à une certaine époque doit être revu. Il constitue aujourd'hui l'un des principaux obstacles psychologiques à la modernisation du droit d'auteur et à sa nécessaire adaptation au monde réel. Le concept de propriété intellectuelle est un concept dénué de toute réalité. Il est ce que nous nommons dans le jargon juridique: une fiction. Il est intéressant de rechercher les causes à l'origine de la formation de cette fiction juridique.

3: **La genèse du concept de propriété littéraire**

C'est à travers l'histoire de l'évolution mondiale du droit d'auteur et très particulièrement à la lumière de la Révolution française que nous verrons apparaître pourquoi et comment est né le concept juridique de "propriété littéraire" si éloigné de la réalité concrète. [52]

Si aujourd'hui, l'idée que les auteurs doivent bénéficier d'une part des revenus entraînés par la diffusion de leurs oeuvres est entrée dans les mœurs,[53] il n'en a pas, hélas, toujours été de même. Il a fallu compter avec la lente évolution des mentalités, la volonté des auteurs, et l'expansion significative du marché du livre[54] pour voir peu à peu les autorités royales accorder des privilèges d'abord aux libraires, puis plus tard directement aux auteurs. Ce n'est qu'à partir du début du 18ème siècle que les privilèges commencèrent à être accordés directement à des auteurs.[55] Auparavant, ils étaient attribués seulement aux libraires[56] dans un but initialement purement économique.[57] A leurs débuts, les droits des auteurs n'étaient pas des droits de propriété littéraire, mais des privilèges, c'est-à-dire des droits personnels, en d'autres termes des droits dirigés vers les personnes et non vers des objets de propriété. Selon Mark ROSE, en Grande-Bretagne, la notion de propriété fut initialement utilisée pour justifier le droit des auteurs, par les libraires londoniens qui voulaient que leurs privilèges soient transformés en privilèges perpétuels à l'instar du droit de propriété. En France, avant la Révolution, les auteurs n'avaient pas de droit de propriété littéraire, mais seulement des privilèges. L'Histoire française explique comment et pourquoi les privilèges des auteurs furent transformés en droits de propriété. En effet, pendant la nuit du 4 août 1789 tous les privilèges furent abolis[58] par les révolutionnaires entraînant logiquement avec eux les privilèges des inventeurs et des auteurs. Pourtant, de tels privilèges avaient fait la preuve de leur utilité. Les privilèges des auteurs étaient tellement mérités et si utiles, qu'il fallait bien trouver un moyen de les sauvegarder de cet anéantissement. Cependant, le contexte psychologique et politique obligeait à bannir du vocabulaire juridique le mot "privilège" trop évocateur de l'arbitraire du pouvoir royal.[59] Il fallait donc maintenir les privilèges des auteurs en leur trouvant un fondement politiquement et philosophiquement acceptable. Les révolutionnaires réussirent à sauvegarder de l'anéantissement les anciens privilèges des auteurs en les transformant fictivement en droits de propriété.[60] Ils furent inspirés en ce sens par toute la littérature juridique et philosophique de l'ancien Régime, par les idées venues d'Angleterre qui visaient à faire reconnaître cette propriété particulière des auteurs.[61] Dès 1790 la notion de propriété littéraire avait été utilisée aux Etats-Unis où la loi de l'Etat des Massachusetts du 17 mars 1789 énonçait dans son préambule "il n'y a pas de propriété plus particulière, plus légitime à l'homme que celle qui est le produit du travail de son cerveau".[62] Elle fut prise en compte en France lors du vote des décrets des

13-19 janvier 1791 et des décrets des 19-24 juillet 1793 qui consacrèrent le droit de propriété des auteurs. A une époque où la protection juridique de la propriété privée était à la une de l'actualité philosophique et politique,[63] quel autre concept juridique aurait pu mieux réussir à justifier et à sauvegarder les anciens privilèges des auteurs? Ce qu'il faut bien appeler un tour de magie[64] connut une réussite si totale qu'il donna ultérieurement naissance au concept de propriété incorporelle, aujourd'hui toujours présent dans le code français de la "propriété intellectuelle".[65] L'opinion de Pierre BOURDIEU, selon laquelle: "...le droit le plus rigoureusement rationalisé n'est jamais qu'un acte de magie sociale qui réussit", se vérifie complètement dans ce cas historique.[66] En qualifiant le droit d'auteur de droit de propriété, les révolutionnaires non seulement permirent de sauvegarder les anciens privilèges des auteurs que la nuit du 4 août avait abolis, mais affermirent à travers ce concept le statut juridique et social de l'auteur, sur le fondement d'une législation très bien conçue, malgré l'emploi de cette fiction juridique, et qui allait durer plus de 160 ans sans modifications notables.[67]

L'étude de l'histoire mondiale du droit d'auteur montre à quel point il ne fut pas facile, dans une civilisation éminemment matérialiste de faire respecter la richesse intangible que représente une oeuvre littéraire. Etant donné le peu d'attrait pour les droits personnels, manifesté au cours de notre Histoire, il a fallu utiliser la fiction justificatrice de la propriété pour parvenir à élaborer le statut moderne du droit d'auteur. Pourtant, même s'il reste encore de nos jours chez les "pirates" en tout genre, de vives réminiscences de l'état d'esprit antérieur à la consécration du droit d'auteur, ce dernier n'a désormais plus besoin de la béquille du concept de propriété pour être justifié. Nous pouvons maintenant regarder le droit d'auteur tel qu'il se présente réellement et le débarrasser enfin de la fiction juridique de la propriété littéraire. Celle-ci a connu son heure d'utilité au 18ème siècle, mais est devenue, avec l'Internet, un obstacle à l'élaboration d'une protection juridique simple et efficace des auteurs. Malgré ses connotations péjoratives, le privilège indiquait bien que le droit reconnu autrefois aux auteurs par les autorités royales était un droit qui entrait dans la catégorie juridique des droits personnels. De fait, le droit des auteurs n'a jamais cessé d'être un droit de nature personnelle.

CHAPITRE 4

La véritable nature du droit d'auteur, son importance pour l'élaboration d'un droit efficace

En octroyant un privilège à un auteur, le roi lui donnait le pouvoir juridiquement garanti et sanctionné d'agir sur les autres personnes pour leur interdire certains agissements (que nous qualifierions aujourd'hui "d'agissements parasitaires"). Sans la brusque rupture de l'époque révolutionnaire, les privilèges auraient très certainement, en France, évolué vers un droit d'auteur naturellement personnel.[68] Il ne s'agit pas de refaire ici l'Histoire, mais simplement de noter que si l'application du concept de propriété au droit d'auteur fut autrefois une réussite d'un point de vue politique, nous payons aujourd'hui très cher ce succès par de multiples inconvénients dans la sphère de la technique juridique. L'un des inconvénients majeurs du concept de propriété c'est qu'il a trop longtemps focalisé les esprits et la législation sur "l'objet" supposé du droit de propriété littéraire au détriment de la recherche d'un équilibre des relations entre les personnes. A ce propos, nous pouvons citer la pertinente analyse de Monsieur Mark ROSE, qui écrit dans un article intitulé "The Author as Proprietor":

> "Ce que nous observons ici, c'est pour ainsi dire une naissance jumelle, une émergence simultanée dans le discours juridique de la propriété de l'auteur et de l'œuvre littéraire. Ces deux concepts sont liés l'un à l'autre, affirmer l'un c'est impliquer l'autre... ils constituent le cœur du système moderne du droit d'auteur."[69]

L'auteur étant considéré comme un propriétaire, le droit défend sa propriété tout comme il défendrait d'autres propriétés. Les législations sur le droit d'auteur sont tellement focalisées sur les "objets" de propriété qu'elles en ont oublié les personnes. Comme nous l'avons expliqué en détail dans un précédent ouvrage dans lequel nous avons étudié les origines romaines de la distinction moderne entre droits réels et droits personnels (le droit de propriété faisant partie de la catégorie des droits réels, réel vient de *res* = chose), chaque fois que le droit est amené à s'occuper de gérer l'intangible, dans notre cas les idées, il s'agit pour lui de s'intéresser aux personnes et d'œuvrer dans la catégorie juridique des droits personnels et non dans celle des droits réels. Confronté à l'intangible, par exemple aux idées inventives ou aux œuvres littéraires, le juriste est obligé de compter sur les personnes uniquement, car il n'a pas à sa disposition les moyens que la nature rend possibles pour protéger la propriété des choses matérielles. Au 18ème siècle, KANT[70] avait déjà discerné la nature personnelle du droit d'auteur. Pour KANT, le droit d'auteur était un droit personnel par lequel l'auteur autorise l'éditeur à parler pour lui au public. Reconnaître enfin dans toute la simplicité de la réalité concrète, la nature personnelle du droit d'auteur, c'est pouvoir prendre conscience que le meilleur moyen de le régir, c'est de trouver un équilibre dans la relation qui s'établit entre les personnes à propos d'une oeuvre de l'esprit. Cette approche ouvre des perspectives beaucoup plus larges que celles, trop restreintes, de la protection de la propriété d'un auteur. Elle permet, grâce à une vision plus globale de la problématique de l'édition, d'imaginer des stratégies juridiques porteuses d'une plus grande prospérité pour le marché de l'édition, d'une prospérité qui ne laisse de côté aucun maillon de la "chaîne du livre".

Pour trouver une législation efficace du droit d'auteur, il faut changer nécessairement de perspective.[71] Au lieu de focaliser notre attention sur les présumés objets du droit de propriété littéraire, intéressons-nous aux relations entre les personnes. C'est seulement en tenant compte des agissements et de la psychologie des personnes et en canalisant leurs comportements, par une stratégie juridique et économique[72] adéquate, que nous pourrons utiliser intelligemment l'outil qu'est l'Internet. Ce dernier n'est qu'un moyen, nous avons le choix de l'utiliser pour accélérer la circulation des "livres", ou comme l'ont très bien décrit Mark STEFIK[73] et Lawrence LESSIG[74] pour contrôler, maîtriser et donc en ralentir la circulation.

CHAPITRE 5

Les lignes directrices d'un droit d'auteur propre à accompagner les transformations du marché du livre

1: Abandon du concept de propriété littéraire

L'Internet conjugué aux avancées techniques de l'impression à la demande, aux nouvelles technologies de lecture et aux technologies de protection électronique des droits des auteurs nous donne aujourd'hui la possibilité de créer un marché de l'édition beaucoup plus prospère que celui que nous connaissons aujourd'hui et aussi une abondance informationnelle pour tous. Il suffit de le vouloir et de prendre les mesures qui s'imposent d'un point de vue économique, juridique et culturel. Il conviendrait tout particulièrement de changer notre façon de percevoir juridiquement le livre. En effet, si nous continuons de percevoir le livre comme un objet de propriété et si nous restons collectivement ancrés au concept de propriété littéraire; nous serons naturellement tentés de transposer à l'édition virtuelle les attitudes que nous avons face aux autres biens de propriété qui en général existent en nombre limité. Une telle attitude collective n'est pas favorable à la circulation des livres virtuels dans un marché devenu mondial. Dans le marché virtuel, il n'y a pas de limites à la création de richesse culturelle et la notion de propriété littéraire n'est pas adaptée à ce contexte d'abondance informationnelle. Il conviendrait de l'abandonner.

Faute d'abandonner ce concept de propriété littéraire, les chances sont extrêmement élevées pour que la technologie à notre disposition soit utilisée dans un sens contraire à sa vocation et qu'elle serve à créer une rareté artificielle préjudiciable à tous. Avant d'être un objet de propriété, le livre est un message, c'est-à-dire une transmission d'idées entre les personnes. Cet aspect implique naturellement la sphère des droits personnels, plus adaptée au monde virtuel. L'Internet devrait être appréhendé avec une philosophie centrée sur les relations entre les personnes et qui aurait l'objectif plus généreux de favoriser l'abondance informationnelle pour tous. Les technologies de protection logicielle des droits des auteurs ont leurs propres limites, elles ne remplaceront jamais un droit bien conçu, centré sur les personnes et bien accueilli par le lectorat.

3: Le droit d'auteur doit être centré sur les personnes et non sur des objets de propriété

Il conviendrait de prendre conscience de l'importance du rôle des lecteurs dans le processus de protection des droits des auteurs. Les personnes et l'équilibre de leurs rapports relativement aux oeuvres diffusées sont au cœur du droit. Il ne s'agit donc pas de protéger des objets de propriété, mais de gérer au mieux l'équilibre des relations entre les personnes.

Même si on peut s'aider des techniques informatiques et des lois,[75] le point essentiel d'une stratégie efficace de protection du droit d'auteur est qu'elle doit être centrée sur les personnes. Elle doit dissuader les personnes d'accomplir des actes parasitaires, par des moyens de prévention et de sanction. La technique juridique, associée à la stratégie économique de la pratique de microprix rendant le piratage peu attrayant, dont nous avons parlé plus haut a un rôle important à jouer pour préserver l'avenir du marché de l'édition et sa plus grande prospérité.

Toutes les approches liées au passé du marché de l'édition imprimée, focalisées sur l'objet matériel et les moyens de reproduction conduisent à une trop grande complexité de du droit d'auteur. Cette complexité entraîne une grande part de son inefficacité. Il faut avoir le courage de changer notre perspective juridique et de remplacer toutes ces distinctions savantes par un concept beaucoup plus simple à organiser au plan mondial et à mettre en oeuvre. Il faut s'intéresser au comportement des personnes. Les textes révolutionnaires[76] témoignent à cet égard d'une certaine sagesse que nous avons perdue. Ils allaient à l'essentiel et étaient d'une grande efficacité pratique. Ils s'intéressaient aux relations entre les personnes en interdisant et en sanctionnant certains actes. Les actes interdits concernaient ce que nous appellerions aujourd'hui des agissements parasitaires. La théorie des agissements parasitaires[77] est ici la voie dans laquelle devrait se développer un droit mondial de protection des auteurs à la fois simple et efficace[78] et qui en s'intéressant aux agissements des personnes, plutôt qu'à la définition de supposés objets de propriété littéraire, renouerait le dialogue entre les personnes et leur ferait prendre conscience de leur responsabilité.

4: Accepter que le concept de parasitage soit plus important que la définition des objets de propriété littéraire

Parasiter un auteur d'une manière ou d'une autre devrait être juridiquement sanctionné (et dissuadé) dans la mesure où cette attitude crée un dommage aux auteurs qui rejaillit à terme sur le marché de l'édition et sur le choix qui s'offre aux lecteurs potentiels. Pour pouvoir sanctionner les agissements parasitaires, la loi doit nécessairement organiser les moyens de preuve adéquats.

5: Les pouvoirs publics doivent organiser la preuve de l'existence et de la paternité des oeuvres quelle que soit leur forme et assurer leur intégrité

Actuellement, l'un des intérêts du dépôt légal est d'assurer la preuve de l'existence et de la paternité des oeuvres. Chaque pays pourrait continuer à garder ses propres techniques de dépôt légal. Cependant, il conviendrait de moderniser les techniques de dépôt légal pour pouvoir accepter le dépôt légal numérique de toutes les oeuvres à l'échelle internationale. La technologie nous permet d'ores et déjà de réaliser ce projet. Ce dépôt devrait être gratuit, accessible à tous les auteurs quelle que soit la forme d'impression finale de leur ouvrage et son tirage. Un tel dépôt ne devrait pas être centralisé, mais organisé en un réseau auquel participeraient tous les Etats et toutes les instances concernées. Par ailleurs, l'intérêt d'un dépôt légal mondial dépasserait le marché de l'édition. Il permettrait de réaliser notre vieux rêve collectif de bibliothèque universelle. Il contribuerait à enrichir et à organiser le patrimoine culturel de l'humanité tout entière et à permettre l'accès à la culture aux personnes les plus défavorisées ou les plus isolées. Il pourrait se doubler de catalogues numériques mondiaux dotés d'outils de recherche performants et intuitifs.

6: Les Etats doivent favoriser la justice

Le rôle des Etats, en ce qui concerne le marché de l'édition, se justifiera si par leurs lois, ils contribuent à un objectif de justice. Il ne s'agit pas dans le monde virtuel d'agir pour partager des biens en nombre limité, mais au contraire de favoriser la création de l'abondance en veillant à prendre les mesures qui s'imposent pour favoriser la circulation des idées. Pour agir en ce sens, les Etats doivent avoir pour mission de lutter contre toutes les atteintes de quelque nature qu'elles soient et d'où qu'elles émanent à la circulation des livres numérisés.[79] L'un des plus importants obstacles à supprimer émane des Etats eux-mêmes. En effet, à l'heure actuelle de nombreux Etats sont beaucoup plus préoccupés de réfléchir à la façon de prélever taxes et impôts sur le marché naissant de l'édition numérique[80] qu'à l'utiliser comme instrument de création d'une prospérité matérielle. En essayant de mettre en place des moyens de contrôle de leurs administrés en vue de prélever des impôts sur l'Internet, ou de lutter contre une éventuelle évasion fiscale, les Etats font fausse route. Sans être certains de rentabiliser les lourds investissements nécessaires à un contrôle non performant de leurs administrés, ils s'acheminent vers un échec retentissant et prennent de grands risques pour leur propre sécurité.[81] En effet, les moyens électroniques de contrôle de leurs administrés s'ils deviennent trop performants pourraient très bien donner à des pirates l'occasion de perpétrer un coup d'état informatique pour prendre à la place de l'Etat, le contrôle des administrés. Les Etats feraient un bien meilleur choix, s'ils favorisaient l'expansion de l'édition numérique en la libérant de toute fiscalité. En effet, cette expansion donnerait lieu à un accroissement des richesses dans le monde matériel sur lequel les Etats pourront prélever les taxes et impôts dont ils ont besoin et avec les moyens habituels.

7: Les Etats doivent mettre en place une stratégie fiscale plus adaptée à l'économie virtuelle

Une stratégie fiscale intelligente et efficace voudrait que les Etats mettent en oeuvre tous les moyens en leur pouvoir pour utiliser les nouvelles technologies en vue d'accélérer la circulation des livres. Il va sans dire que les contraintes liées au prélèvement d'un impôt ralentissent de manière évidente la circulation du livre numérique et apportent à la question une complexité dont on ferait fort bien de se passer. Le prélèvement fiscal nécessite un contrôle des intéressés. Il implique une centralisation au profit de l'Etat et peut se traduire par une atteinte à la vie privée des lecteurs. De plus, un tel contrôle exige de très lourds investissements informatiques et peut être cependant inefficace. Il surenchérit le prix du livre numérique, alors que nous avons vu qu'un prix très bas, le plus bas possible est l'élément clef d'une stratégie de la protection efficace des droits des auteurs.[82] Le prélèvement de taxes[83] et impôts sur les livres virtuels tend à décroître leur vitesse de circulation. Par conséquent, la génération de richesse dans le monde matériel, auquel les Etats ont beaucoup plus facilement accès à moindres frais avec des techniques déjà éprouvées. En d'autres termes, les Etats auraient grand intérêt à continuer à prélever leurs taxes et impôts sur le monde réel qu'ils maîtrisent, car s'ils favorisent la circulation des biens immatériels sur l'Internet, ils ne pourront que recueillir davantage de fruits dans le monde matériel. "Qui trop embrasse perd tout", et dans ce cas surtout sa crédibilité et la justification de son intervention juridique.

Pour être justifiée et acceptable, l'intervention juridique des Etats dans le monde virtuel doit avoir pour objectif la justice au sens de l'économie virtuelle. En d'autres termes, ce n'est que s'il se fixe pour objectif de favoriser la circulation des livres numériques que le droit d'un Etat pourra, contrairement aux idées reçues, être effectivement respecté. Faute d'une telle justification, il faudrait s'attendre à une "juste" réaction de rejet de la part des internautes et à l'impossibilité dans ce contexte de sauvegarder les droits d'auteur de la révolution l'Internet et d'amorcer une prospérité jamais égalée du marché de l'édition.

CONCLUSION:

Notre façon actuelle de percevoir le livre, les auteurs, le monde de l'édition est fortement marquée par le poids de l'Histoire. La technique a évolué beaucoup plus vite que nos mentalités. Notre droit d'auteur destiné au marché territorialement cloisonné du livre imprimé n'est pas transposable à l'économie virtuelle mondiale. En effet, des concepts clefs de notre système juridique comme l'idée de justice au sens aristotélicien ou la notion de propriété littéraire sont complètement inadaptés à l'économie virtuelle. Pour que tous les acteurs de la chaîne du livre de l'auteur au lecteur s'ouvrent aux possibilités tellement plus intéressantes offertes par les nouvelles technologies, il conviendrait de prendre conscience qu'il faut adopter une attitude différente face au monde virtuel, s'adapter à ses propres lois de fonctionnement au lieu de tenter d'y transposer nos vieilles habitudes. La technologie à notre disposition nous permet déjà, si nous le voulons, de dire adieu au monde de l'édition marqué par la logique de la rareté, l'exclusion de nombreux auteurs et de leurs idées, la pauvreté des bibliothèques, et la frustration de nombreux lecteurs. Nous pouvons désormais tourner le dos à tout cela, créer un monde de réelle liberté d'expression, d'abondance informationnelle, et de respect du droit des auteurs dans un marché de l'édition beaucoup plus prospère.

Bien que nous ayons centré cette étude sur la question particulière du marché du livre, sa logique peut être aussi avantageusement appliquée à la résolution des conflits actuels dans les autres domaines de la créativité humaine comme la musique, ou le cinéma.

NOTES

[1] LÉVY Pierre, *World Philosophie, Le marché, le cyberespace, la conscience*; Paris, Odile Jacob, 2000.
[2] *Le droit d'auteur et l'Internet*, Rapport du groupe de travail de l'Académie des Sciences Morales et Politiques présidé par M. Gabriel DE BROGLIE, p. 6.
[3] *Ibid.*, p. 8.
[4] *Ibid.*, p. 9.
[5] *Ibid.*, p. 23.
[6] *Ibid.*, p. 27
[7] *Ibid.*, p. 29.
[8] *Ibid.*, p. 36.
[9] PLATON, *Phèdre*, Traduction de Mario MEUNIER, 1922,
Http://www. ac-nice.fr/philo/textes/biblio.htm
[10] MANCINI Anna, *Le Mystère de Maat, Déesse de la Justice de l'ancienne Egypte*, Paris, Buenos Books International, 2004.
[11] MANCINI Anna, *Les Solutions de l'Ancien Droit Romain aux Problèmes Juridiques Modernes, L'exemple du Droit des Brevets d'Invention*, Paris, Buenos Books International, 2004.
[12] FISCHER, Steven Roger, *op. cit.,* 2003, p. 52.
[13] FISCHER, Steven Roger, *op. cit.,* p. 89, p. 351 Augustine of Hippo, 'Of the Origin and Nature of the

Soul', in Basic Writings of Saint Augustine, ed. Whitney J; Oates (London, 1948), IV:7:9"

[14]: FISCHER, Steven Roger, *op. cit.,* p. 95.

[15] KANT Emmanuel, Métaphysique des mœurs, *Première partie, Doctrine du Droit, Paris, Vrin, 1993,* p. 169.

[16] Voir aussi: Kant, "De l'illégitimité de la contrefaçon des livres", *Vers la paix perpétuelle et autres textes*, Flammarion, 1991; BENOIST Jocelyn, *KANT, Qu'est-ce qu'un livre?*, Paris, PUF/Quadrige, 1995; Pierre MACHEREY, "Qu'est-ce-qu'un livre?", http://www.univ-lille3.fr/set/Machereylivre.html

[17] FISCHER, Steven Roger, *A History of Reading*, *op. cit.*, 2003, p. 176.

[18] FISCHER, Steven Roger, *A History of Reading*, *op. cit.*, 2003, p. 195.

[19] MANCINI Anna, *Justice et Internet, Une philosophie du Droit pour le Monde Virtuel*, Paris, Buenos Books International, 2005.

[20] MANCINI Anna, *Justice et Internet*, *op. cit.*, Paris, Buenos Books International, 2005

[21] Sur l'histoire de l'idée de bibliothèque universelle et son application à l'idée d'une bibliothèque virtuelle, *cf.* James J. O'DONNELL, *Avatars of the word, From Papyrus to Cyberspace*, Cambridge, Mass., Harvard University Press, 1998. Voir aussi les informations sur le projet moderne de bibliothèque mondiale mis en oeuvre par Google dans son programme Google Adprint ou Google Books: *http://print.google.com/support/publisher/bin/index.py?fulldump=1*

[22] Martine BARRÉ, "L'OMPI et *la Mondialisation du droit* de la Propriété Intellectuelle", in *La*

mondialisation du droit, Sous la direction d'Eric LOQUIN et Catherine KESSEDJIAN, Travaux du Centre de Recherche sur le droit des marchés et des investissements internationaux, Volume 19, LITEC, 2000, p. 277-295, sur l'importance de l'équilibre entre les différents intervenants: p. 289: "S'agissant de l'offre de prestations d'œuvres de l'esprit, la question de l'intérêt général et des droits sous-jacents du public et/ou des utilisateurs est également cruciale." L'auteur fait référence à l'article 10 du traité de décembre 1996 sur le Droit d'Auteur.

[23] Et aussi à l'abondance et non à la rareté, car contrairement à l'analyse erronée faite par de nombreux auteurs, le droit d'auteur ne contribue pas à créer la rareté. *Cf.* par exemple, Martine BARRÉ, article précité, p. 278: "Les droits de propriété intellectuelle ont pour effet d'instituer une rareté artificielle et confèrent une position dominante à leurs titulaires. Ils sont l'expression d'une politique volontariste des Etats."

[24] Et aussi STEFIK Mark, *The Internet Edge, Social, Legal and Technological Challenges for a Networked World*, MIT, 1999, p. 106 qui estime que l'édition numérique sera en danger s'il n'est pas fait usage de l'informatique pour faire respecter les droits d'auteur: "Without trusted systems, digital publishing is at risk."

[25] Selon le rapport du Conseil d'Etat français: "La plupart des professionnels considèrent que les dispositifs de protection des oeuvres permettront une lutte relativement efficace contre la contrefaçon, à condition que l'utilisation et même la fabrication ou la vente de matériels destinés à contourner ces dispositifs soient réprimées pénalement." Conseil d'Etat, France, *op. cit., 2 juillet 1998*, p. 117.

[26] Justice et Internet, *op. cit.*
[27] *Ibid.*
[28] *Ibid.*
[29] Manifestant en partie cette préoccupation, Valérie SéDALLIAN écrit à propos des mesures techniques utilisées pour protéger les oeuvres numériques: “Il ne faudrait pas que la mise en place de systèmes de tatouage numérique et de blocage ne devienne un frein à l’évolution technologique et à l’innovation.“, *Droit de l’internet*, Paris, Net Press, collection AUI, 1997, p. 147.
[30] *Cf.* un auteur optimiste pour l’avenir du marché du livre traditionnel malgré l’Internet: Gordon GRAHAM, *As I was saying, Essays on the international book business*, UK, Hans Zell Publishers, 1994, p. 190: “The book is not fundamentally in danger. It will continue to flourish, and should be improved by the electronic devices not only in terms of production, but also of distribution. A totally new electronic publishing industry will grow side by side with folio publishing and create new markets.“ (Le livre n’est pas fondamentalement en danger. Il continuera à vivre et devrait être amélioré par les outils électroniques non seulement en termes de production mais aussi de distribution. Une Industrie de l’édition électronique entièrement neuve va grandir aux côtés de l’édition traditionnelle et générer de nouveaux marchés.)
[31] James J. O’DONNELL, *Avatars of the Word, From Papyrus to Cyberspace*, Cambridge, Mass., Harvard University Press, 1998, p. 90.
[32] LUCAS André, *Droit d’auteur et numérique*, Paris, Litec, 1998, p. 100, cité dans le Rapport DE BROGLIE, p. 38.

[33] KELSEN Hans, *Théorie Pure du Droit, Introduction à la science du droit*, Neuchâtel, Editions de la Baconnière, 1953, traduit de l'Allemand par Henri THEVENAZ, pp. 53-54 et p. 55: "La justice absolue est un idéal irrationnel. Si indispensable qu'elle puisse être à la volonté et à l'action, elle échappe à la connaissance rationnelle et la science du droit ne peut explorer que le domaine du droit positif."

[34] MANCINI Anna, *Justice et Internet, op. cit.*

[35] Sur ce dernier point: *cf. Où vont les autoroutes de l'information*, sous la direction de Marc GUILLAUME, Commissariat Général du Plan, Commission Européenne, Paris, Descartes & Cie, 1997, p. 117-118.

[36] *Cf.* sur ce point: Francis LORENTZ, *La nouvelle donne du commerce électronique: réalisations 1998 et perspectives: rapport de la mission Commerce électronique*, France, Ministère de l'économie, des finances et de l'industrie, Paris, Editions de Bercy, Etudes ISSN 1245-2246, 1999, I.2.7. http://www.telecom.gouv.fr/francais/activ/techno/techndoc/technodoc.htm

[37] Bill GATES, *Business @ the speed of Thought*, London, Penguin Books, 1999, p. 2. Traduit de l'anglais:"Information flow is your lifeblood".

[38] Le marché traditionnel de l'édition ne favorise pas l'entrée de nouveaux auteurs, car cela représente une importante prise de risques, *cf.* Michael LEGAT, *An author's guide to publishing*, London, Robert Hale, 3rd edition, 1998, p. 42. Les difficultés financières inhérentes au métier de l'édition favorisent le culte du best-seller au détriment d'autres ouvrages, *cf.* Michael LEGAT, p. 41.

[39] Andrew B. WHINSTON, Dale O. STAHL, Soon-Yong CHOI, *The Economics of Electronic Commerce,* Macmillan Technical Publishing, Indianapolis, Indiana, 1997, p. 176. Traduit de l'anglais: "Disseminating ideas is desirable and necessary for the prosperity of a society.".

[40] Geoffrey BROWN, *The Information Game, Ethical Issues in a Microchip, World*, NJ and London, Humanities Press International, 1990, p. 115. Traduit de l'anglais: "Many of the difficulties encountered in talking about rights over information spring from the concepts of property and ownership..."

[41] Comme l'observe Mark ROSE, qui a écrit un article très intéressant sur la genèse de la propriété littéraire en Grande-Bretagne, l'idée de propriété littéraire est désormais tellement ancrée dans les esprits qu'elle n'est plus discutée: Mark ROSE, "The author as proprietor: Donaldson v. Becket and the Genealogy of Modern Authorship", *Of Authors and Origins, Essays on Copyright Law*, Brad SHERMAN and Alain STROWEL, Oxford, Clarendon Press, 1994, p. 23-55, p. 54. Dans les ouvrages récents consacrés au droit de l'Internet, les auteurs ne se questionnent plus du tout sur le fondement du droit d'auteur, ils se contentent de recenser et d'appliquer dans le contexte de l'Internet le droit existant. C'est du reste la seule perspective que leur ouvre leur formation positiviste.

[42] Traduit de l'anglais: "Many jurists have been aware of the awkwardness of treating literary texts as private property. Nevertheless, the institution of the literary property is so deeply rooted in our society that many jurists and even some legal historians

regard it as a transcendent moral idea that has been available in all times and places."

[44] Andrew B. WHINSTON, Dale O. STAHL, Soon-Yong CHOI, *The Economics of Electronic Commerce*, Indiana, Indianapolis, Macmillan Technical Publishing, *op. cit.,* p. 179. Traduit de l'anglais: "It is important to recognize that, economically speaking, intellectual properties are not properties -as tangible commodities- despite the misleading term, and intellectual property laws do not protect the said property, but the interests of the owners derived from the use of that property - although this interest may very well be termed as 'property' in the legal sense."

[45] Geoffrey Brown, *op. cit.,* p. 115. Traduit de l'anglais: "It ought to be obvious that there is something odd about the use of the concept of ownership in this context. Information considering simply as such is by no means the kind of thing that can be owned, though as we shall see it can sometimes be bought and sold."

[46] *Cf.* pour le droit Français, Code de la propriété intellectuelle, qui énonce (article L. 111-1) dans le Chapitre 1er consacré à la "Nature du droit d'auteur": "L'auteur d'une oeuvre de l'esprit jouit sur cette oeuvre, du seul fait de sa création, d'un droit de propriété incorporelle exclusif et opposable à tous." et précise (à l'article L. 111-3): "La propriété incorporelle définie par l'article L. 111-1 est indépendante de la propriété de l'objet matériel."

[47] *Internet Law and Regulation*, Edited by Graham JH Smith, Bird & Bird, London, Second edition, Published by FT Law & Tax, 1997, p. 13. "Intellectual

property laws govern the substance and scope of property rights in the intangible fruits of human creativity and labour: writing, drama, music and art.... Appropriately defined property rights help to transform those fruits into money, another intangible. Digitalisation enables both the raw fruits and their monetary products to be reduced to bits of information stored electronically and routed around networks." (Le droit de la propriété intellectuelle régit le contenu et l'étendue des droits de propriété sur les fruits intangibles de la créativité et du travail humain: écriture, théâtre, musique et arts... Des droits de propriété correctement définis aident à transformer ces fruits en argent, une autre chose intangible. La numérisation permet de transformer à la fois ces fruits eux-mêmes et leurs produits monétaires en bits d'informations stockés électroniquement et diffusés dans des réseaux.) Un juriste explique dans un ouvrage consacré au droit de l'informatique: Christopher MILLARD, *Computer law*, Third Edition, Edited by Chris Reed, Blackstone Press limited,1996, p. 3 comment le droit a intégré les biens informationnels: "...information is normally very valuable, and in general most things which have a market value are dealt with by the law as a species of property.". (...l'information a normalement beaucoup de valeur et en général la plupart des choses qui ont une valeur marchandes sont envisagées par la loi comme des espèces de propriétés.)

[48] Sur l'histoire du droit d'auteur depuis l'Antiquité *cf.* Marie-Claude DOCK, "Genèse et évolution de la notion de propriété littéraire", p. 127-206, Brad SHERMAN and Alain STROWEL, *Of Authors and*

Origins, Essays on Copyright Law, Oxford, Clarendon Press, 1994; *Histoire internationale du droit d'auteur des origines à nos jours*, Paris, Revue Internationale du Droit d'Auteur, janvier 1974; Eugène POUILLET, *Traité théorique et pratique de la propriété littéraire et artistique et du droit de représentation*, 3ème édition, Paris, Marchal et Billard, 1908, p. 1-22; Henri FALK, *Les privilèges de librairie sous l'ancien régime*, Paris, Thèse, 1906; Didier PHILIPPON, *Des anciens privilèges de librairie*, Paris, 1955.

[49] Pour une étude détaillée de ces doctrines: Pierre RECHT, *Le droit d'auteur, une nouvelle forme de propriété*, Paris 1969. Pour une synthèse récente de ces diverses théories *cf.* Claude COLOMBET, *Propriété littéraire et artistique*, Deuxième édition, Paris, Dalloz, 1980, sur la nature du droit d'auteur p. 12-16; Pierre-Yves GAUTIER, *Propriété littéraire et artistique*, Paris, PUF, 3ème édition,1991, p. 29-41; Roland DUMAS, *La propriété littéraire et artistique,* Paris, PUF, Thémis, 1ère édition, 1987, p 17-18. Sur la nature du droit d'auteur, *cf.* Eugène POUILLET, *Traité théorique et pratique de la propriété littéraire et artistique et du droit de représentation*, 3ème édition, Paris, Marchal et Billard, 1908, p. 23-33.

[50] Pierre RECHT, *Le droit d'auteur, une nouvelle forme de propriété*, Paris, LGDJ, 1969, p. 93: "Il est remarquable que, malgré ces divergences doctrinales, L'Union de Berne qui groupe tous les pays d'Europe et plusieurs pays des autres continents est restée depuis 1884 à peu près unanime sur les règles pratiques nécessaires à la protection de l'auteur et que l'adhésion de la

Grande-Bretagne n'a jamais manqué de se manifester.
On devrait en déduire logiquement l'inutilité des théories du droit d'auteur et conclure qu'elles ne sont qu'amusements de savants. "(Ce n'est pas son avis). Plus récemment, en ce qui concerne l'application de la convention de Berne, un auteur note qu'il importe davantage de se pencher sur les aspects concrets de la protection plutôt que sur la théorie: Paul Edward GELLER, "Conflicts of law in cyberspace: International copyright in a digitally networked world", in *The future of copyright in a digital environment*, editor P. Bernt HUGENHOLTZ, Proceedings of the Royal Academy Colloquium, Amsterdam, 6-7 July 1995, The hague, London, Boston, KLUWER LAW INTERNATIONAL, 1996, p. 27-48, p. 42.

[51] Eugène POUILLET, *Traité théorique et pratique de la propriété littéraire et artistique et du droit de représentation*, 3ème édition, Paris, Marchal et Billard, 1908, p. 26.

[52] L'histoire du droit d'auteur en Grande-Bretagne est elle-aussi significative. Selon Monsieur Mark ROSE," The author as proprietor: Donaldson v. Becket and the Genealogy of Modern Authorship", p. 23-55, in *Of Authors and Origins, Essays on Copyright Law*, Brad SHERMAN and Alain STROWEL, Clarendon Press, Oxford, 1994 la notion de propriété fut initialement utilisée pour justifier le droit des auteurs par les libraires londoniens qui voulaient rendre leurs privilèges perpétuels comme la propriété. *Cf.* . 38: "In fact, the London booksellers in making their case for perpetual copyright had long drawn an analogy between literary and real property." (En fait, en plaidant pour un droit d'auteur

perpétuel, les libraires londoniens avaient depuis longtemps noté l'analogie entre la propriété littéraire et la propriété des choses matérielles.) et plus loin même page, il précise: "When the London booksellers first pressed the idea of the author's common-law right, they had been careful to note that all they maintained was that the author had a property right in the profits of his book, not in the metaphysical essence of the book as such." (Lorsque, les libraires londoniens ont soutenu pour la première fois l'idée d'un droit d'auteur de common law, ils ont souligné avec prudence que l'auteur avait un droit de propriété sur les revenus des livres, mais non dans l'essence méthaphysique du livre.) Voir aussi: André Françon, *La propriété littéraire et artistique en Grande-Bretagne et aux Etats-Unis*, Paris, 1955, Marie-Claude DOCK, "Genèse et évolution de la notion de propriété littéraire", *Histoire internationale du droit d'auteur des origines à nos jours*, Paris, Revue Internationale du Droit d'Auteur, janvier 1974, p. 127-206.

[53] Dans le même sens *cf.* Marie CORNU, "Droit de la culture et mondialisation de l'économie", *La mondialisation du droit*, Sous la direction d'Eric LOQUIN et Catherine KESSEDJIAN, Travaux du Centre de Recherche sur le droit des marchés et des investissements internationaux, Volume 19, LITEC, 2000, p. 551-596, p. 576: "Le principe de la protection de la création est universellement reconnu, mais des différences séparent les Etats dans la façon dont ils conçoivent une oeuvre, une activité, un auteur. Le droit d'auteur français et, plus généralement, les pays de droit civil placent l'auteur au centre du dispositif: l'empreinte du créateur dans

son oeuvre en constitue le critère fondateur alors que les pays de Common Law voient dans le droit d'auteur un droit économique récompensant essentiellement l'investissement."

[54] Cité par Mark ROSE, p. 29, *cf.* Richard D. ALTICK, *The English Common Reader* (Chicago, 1957), notamment p. 30-36, on the developement of the market for books. (Sur le développement du marché de l'édition);

[55] En 1710 en Angleterre, dans le Statute of Anne, *cf.* Roger CHARTIER, "Figures of the Author", p. 7-22, in *Of Authors and Origins, Essays on Copyright Law*, Brad SHERMAN and Alain STROWEL, Clarendon Press, Oxford, 1994, p. 13; André FRANçON, *La Propriété littéraire et artistique en Grande-Bretagne et aux Etats-Unis*, Paris, 1955, p. 9 et s.; à partir de 1761, en France, *cf.* Claude COLOMBET, *op. cit.,* p. 4.

[56] Les libraires étaient en même temps éditeurs et assuraient à eux seuls tout le circuit du livre. *Cf.* sur ce point: Marie-Claude DOCK, "Genèse et évolution de la notion de propriété littéraire", p. 127-206, in *Histoire internationale du droit d'auteur des origines à nos jours*, Paris, Revue Internationale du Droit d'Auteur, janvier 1974, p. 159, note 50: "... le terme 'libraire' désignait jadis toute activité du commerce qui concernait la diffusion des écrits."; *cf.* Pierre-Yves GAUTIER, *Propriété littéraire et artistique*, Paris, PUF, 3ème édition,1991, p. 18.

[57] Ce but s'est ensuite transformé pour englober des mesures de contrôle étatiques qui ont favorisé la censure et l'arbitraire des autorités royales.

[58] Loi et Actes du Gouvernement, tome premier, Paris, Imprimerie Royale, 1834, p. 1-5.

[59] Sur les privilèges, à la veille de la Révolution française *cf.* Pierre-Yves GAUTIER, *Propriété littéraire et artistique*, Paris, PUF, 3ème édition,1991, p. 19.

[60] La notion de propriété avait auparavant été utilisée au Etats-Unis dès 1790, puis prise en compte en France lors du vote des décrets des 13-19 janvier 1791 publiés dans Le Moniteur Universel 15 janvier 1791; et des décrets des 19-24 juillet 1793 qui consacrent la propriété de l'auteur. Selon Pierre RECHT, l'Angleterre aurait aussi inspiré la France en ce sens, Pierre RECHT, *Le droit d'auteur, une nouvelle forme de propriété*, Paris, LGDJ, 1969, p. 41. *Cf.* sur les Etats-Unis et la notion de propriété: Valerio DE SANCTIS, "Le développement et la consécration internationale du droit d'auteur", *Histoire internationale du droit d'auteur des origines à nos jours*, Paris, Revue Internationale du Droit d'Auteur, janvier 1974, p. 207-291, p. 209. Textes des décrets révolutionnaires reconnaissant la propriété littéraire: pour les décrets des 13 et 19 janvier 1791, Eugène POUILLET, *op. cit.,* 879 et 880 (ici c'est le texte modifié par la loi du 11 mars 1902 dans laquelle l'esprit et le côté pratique des textes initiaux a été conservé). Le texte de la loi du 19 juillet 1793 se trouve dans: Lois et actes du gouvernement, Paris, Imprimerie Royale, 1834, tome VII, p. 203.

[61] Sur la relation entre l'émergence de la notion de propriété et la volonté de sauvegarder les privilèges *cf.* Roger CHARTIER, "Figures of the Author", *Of Authors and Origins, Essays on Copyright Law*, Brad SHERMAN and Alain STROWEL, Clarendon Press, Oxford, 1994, p. 7-22, p. 12.

[62] Cité par: DOCK Marie-Claude, "Genèse et évolution de la notion de propriété littéraire", *Histoire internationale du droit d'auteur des origines à nos jours*, Paris, Revue Internationale du Droit d'Auteur, janvier 1974, p. 127-206, p. 205.

[63] Sur ce point, *cf.* Pierre RECHT, *Le droit d'auteur, une nouvelle forme de propriété*, Paris, LGDJ, 1969, p. 48; Jean MORANGE, *La déclaration des Droits de L'homme et du citoyen (26 août 1789),* Paris, PUF, Que sais-je? n° 2408, 1988, p. 45-46: "Quand au droit de propriété, consacré in extremis, il est placé à l'article 2 au niveau des droits naturels et imprescriptibles de l'homme. Il est qualifié à l'article 17 de "droit inviolable et sacré". Cette conception, que reprendra le Code Civil, est conforme à une analyse très courante au XVIIIème siècle assimilant le droit de propriété au droit du premier occupant."
En ce qui concerne l'Angleterre, les libraires londoniens s'appuyaient sur les idées de John LOCKE, concernant la propriété privée et la liberté, *Two treatises on governement*, ed. Peter Laslett (Cambridge, 1967), 305-6 cité par Mark ROSE, article précité, p. 31 qui écrit: "Framed in terms of the author's right to be regarded as the proprietor of the work he created, the London booksellers' case seized the ideological centre of contemporary political thought. Given this strategic advantage, their argument proved difficult to challenge directly." (Dans leur action tendant à faire reconnaître l'auteur comme ayant un droit de propriété sur son oeuvre, les libraires londoniens tiraient parti du noyau de l'idéologie politique de leur époque. Etant donné cet avantage stratégique il était très difficile de les contrer directement.)

[64] *Cf.* note précédente

[66] Pierre BOURDIEU, *Ce que parler veut dire, l'économie des échanges linguistiques*, Paris, Fayard, 1982, p. 20. Il constate aussi p. 21: "Le discours juridique est une parole créatrice, qui fait exister ce qu'elle énonce."

[67] Pierre-Yves GAUTIER, *Propriété littéraire et artistique*, Paris, PUF, 3ème édition,1991 p. 22, Claude COLOMBET, *op. cit.,* p. 10.

[68] Pierre-Yves GAUTIER estime que le régime des privilèges à la veille de la révolution avait préparé le terrain, il écrit dans *Propriété littéraire et artistique*, Paris, PUF, 3ème édition,1991, p. 19: "... et Louis XVI rendra en 1777 et 1778 des 'arrêts' résumant la situation, à la veille de la révolution: le privilège est un monopole temporaire, plus rarement perpétuel, octroyé aux auteurs et subsidiairement à leurs éditeurs, afin que chacun d'eux soit récompensé de son travail. La Révolution n'aura plus qu'à en tirer les conséquences."

[69] Traduit de l'anglais: "What we here observe, I would suggest, is a twin birth, the simultaneous emergence in the discourse of the law of the proprietary author and the literary work. The two concepts are bound to each other. To assert one is to imply the other, and together,...they define the centre of the modern literary system." Mark ROSE,"The author as proprietor: Donaldson v. Becket and the Genealogy of Modern Authorship", *Of Authors and Origins, Essays on Copyright Law*, Brad SHERMAN and Alain STROWEL, Clarendon Press, Oxford, 1994, p. 23-55, p. 39. Sur l'orientation vers l'objet du droit de propriété de l'auteur *cf.* aussi même ouvrage p. 34-35.

[70] Emmanuel KANT, *op. cit.,* p. 169, p. 170. Un auteur a récemment constaté le caractère personnel du droit de la culture dans son ensemble: Marie CORNU, "Droit de la culture et mondialisation de l'économie", *La mondialisation du droit*, Sous la direction de Eric LOQUIN et Catherine KESSEDJIAN, Travaux du Centre de Recherche sur le droit des marchés et des investissements internationaux, Volume 19, LITEC, 2000, p. 551-596, p. 576: "D'une façon générale, le droit culturel revêt une dimension personnelle forte, identifiée diversement dans la personne de l'auteur ou encore dans la collectivité."

[71] Selon un auteur, le droit d'auteur traditionnel bien que tenant compte des droits du public (droit de citation par exemple) maintient ce public "à la marge". L'auteur constate l'amorce d'un changement de perspective qui tend à considérer de plus en plus les intérêts du public (consommateur) et le déplore. *Cf.* Marie CORNU, "Droit de la culture et mondialisation de l'économie", *La mondialisation du droit*, Sous la direction d'Eric LOQUIN et Catherine KESSEDJIAN, Travaux du Centre de Recherche sur le droit des marchés et des investissements internationaux, Volume 19, LITEC, 2000, p. 551-596, p. 569.

[72] *Cf.* dans le sens de la nécessité d'inventer une nouvelle stratégie économique, Valérie SéDALLIAN, *Droit de l'Internet*, Paris, Net Press, collection AUI, 1997, p. 148: "Plutôt que de vouloir à tout prix adapter la technologie pour qu'elle puisse se calquer sur les modèles actuels, il faudrait sans doute réfléchir à une nouvelle économie qui prenne en compte les spécificités des réseaux informatiques."

[73] Mark STEFIK, *The Internet Edge, Social, Legal and Technological Challenges for a Networked World*, Cambridge, Mass, MIT press, 1999, p. 80 et ss.

[74] LESSIG Lawrence, *Code and Other Laws of Cyberspace*, Basic Books, 2000.

[75] Sur les procédés techniques utilisés pour protéger le droit des auteurs dans le cadre du cyberspace *cf.* Paul Edward GELLER, "Conflicts of law in cyberspace: International copyright in a digitally networked world", *The future of copyright in a digital environment*, editor P. Bernt HUGENHOLTZ, Proceedings of the Royal Academy Colloquium, Amsterdam, 6-7 July 1995, The hague, London, Boston, KLUWER LAW INTERNATIONAL, 1996, p. 27-48, p. 36, qui cite: Branki GEROVAC and Richard J. SOLOMON, "Protect revenues, not bits: identify your intellectual property", *Technological strategies for protecting intellectual property in the networked multimedia environement*, (Interactive Multimedia Association), 1994, vol. 1, 49.

[76] *Cf.* le texte de la loi du 19 juillet 1793: Lois et actes du gouvernement, Paris, Imprimerie Royale, 1834, tome VII, p. 203.

[77] Sur "le parasitisme dans la jurisprudence (française) au titre de l'usurpation des 'investissements intellectuels' d'un tiers", *cf.* Michel VIVANT, *Les créations immatérielles et le droit*, Paris, Ellipses, 1997, pp. 20-21. Comp. avec l'application du concept anglo-saxon de "fair use" dans le domaine du droit d'auteur, *cf.* Paul Edward GELLER, "Conflicts of law in cyberspace: International copyright in a digitally networked world", *op. cit.,* p. 43.

[78] Une telle orientation du droit mondial permettrait d'éviter les lenteurs des conférences diplomatiques pour l'harmonisation des législations nationales. Une telle base mondiale pourrait donner lieu à l'élaboration d'un droit prétorien, pour les litiges internationaux entre les particuliers. Dans le domaine de la propriété intellectuelle, Martine BARRÉ, article précité p. 291, estime qu'en raison des procédures d'arbitrage mises en place par l'OMPI depuis 1994, "... l'institution spécialisée réunit les conditions pour qu'émerge sous son égide un droit transnational de la propriété intellectuelle à caractère prétorien."

[79] Ceci devrait aussi valoir pour les livres sous les autres formes.

[80] Le Conseil d'Etat français a affirmé dans son rapport: "Les enjeux sont considérables pour les Etats membres de l'Union européenne sur lesquels pèse un réel risque budgétaire -la TVA représente en effet 18,6% de leurs recettes fiscales-, même si les risques ne sont pas immédiats, compte tenu notamment du volume modéré actuellement du commerce électronique.", Conseil d'Etat, France, *op. cit., 2 juillet 1998*, Paris, La Documentation française, 1998, p. 73.

[81] *Cf.* pour les difficultés soulevées par la volonté de prélever la TVA sur les transactions portant sur des biens informationnels réalisées entièrement via l'Internet: Conseil d'Etat, France, *Internet et les réseaux numériques, étude adoptée par l'Assemblée générale du Conseil d'Etat le 2 juillet 1998*, Paris, La Documentation française, 1998, p. 74 et ss.

[82] Dans le cas d'un prix très bas, il n'y a plus d'intérêt à parasiter le travail d'un auteur, à photocopier un livre dans les bibliothèques etc...

[83] En outre pour une illustration des difficultés de prélever de telles taxes dans le cadre de l'Internet, *cf.* Mark STEFIK, *op. cit.*, p. 104-105.

BIBLIOGRAPHIE

BARRÉ Martine, "L'OMPI et la Mondialisation du droit de la Propriété Intellectuelle", in *La mondialisation du droit*, Sous la direction de Eric LOQUIN et Catherine KESSEDJIAN, Travaux du Centre de Recherche sur le droit des marché et des investissements internationaux, Volume 19, LITEC, 2000, p. 277-295

BENOIST Jocelyn, *KANT, Qu'est-ce qu'un livre?*, Paris, PUF/Quadrige, 1995

BROWN Geoffrey, *The Information Game, Ethical Issues in a Microchip, World*, NJ and London, Humanities Press International, 1990

CHARTIER Roger, "Figures of the Author", in *Of Authors and Origins, Essays on Copyright Law*, Brad SHERMAN and Alain STROWEL, Clarendon Press, Oxford, 1994, p. 7-22

COLOMBET Claude, *Propriété littéraire et artistique*, Deuxième édition, Paris, Dalloz, 1980

CORNU Marie, "Droit de la culture et mondialisation de l'économie", *La mondialisation du droit*, Sous la direction de Eric LOQUIN et Catherine KESSEDJIAN, Travaux du Centre de Recherche sur le droit des marchés et des investissements internationaux, Volume 19, LITEC, 2000, p. 551-596

DOCK Marie-Claude, "Genèse et évolution de la notion de propriété littéraire", *Histoire internationale du droit d'auteur des origines à nos jours*, Paris, Revue Internationale du Droit d'Auteur, janvier 1974, p. 127-206

Dock, Marie-Claude, *Contribution historique à l'étude des droits d'auteur*, Paris, LGDJ, 1962

DUMAS Roland, *La propriété littéraire et artistique,* Paris, PUF, Thémis, 1ère édition, 1987

EDELMAN Bernard, *La Propriété littéraire et artistique*, Paris, PUF, « Que sais-je? », 1989

FALK Henri, *Les privilèges de librairie sous l'ancien régime*, Paris, Thèse, 1906

FISCHER, Steven Roger, *A History of Reading*, London UK, Reaktion Books, 2003

FRANçON André, *La Propriété littéraire et artistique en Grande Bretagne et aux Etats-Unis*, Paris, 1955

GAUTIER Pierre-Yves, *Propriété littéraire et artistique*, Paris, PUF, 3ème édition,1991

GAVALDA Christian, SIRINELLI Pierre, *Lamy droit des médias et de la communication, propriété littéraire et artistique, presse et édition*, Paris, Editions Lamy, 2000

GOLSTEIN Paul, *Copyright's Highway: From Gutenberg to the Celestial Jukebox,* Stanford Law School; 2003

GRAHAM Gordon, *As I was saying, Essays on the international book business*, UK, Hans Zell Publishers, 1994

HUGENHOLTZ P. Bernt editor, *The future of copyright in a digital environment*, Proceedings of the Royal Academy Colloquium, Amsterdam, 6-7 July 1995, The Hague, London, Boston, KLUWER LAW INTERNATIONAL, 1996

KANT Emmanuel, « De l'illégitimité de la contrefaçon des livres », *Vers la paix perpétuelle et autres textes*, Flammarion, 1991

KANT Emmanuel, Métaphysique des mœurs, *Première partie, Doctrine du Droit, Paris, Vrin, 1993*

KELSEN Hans, *Théorie Pure du Droit, Introduction à la science du droit*, Neuchâtel, Editions de la Baconnière, 1953, traduit de l'Allemand par Henri THEVENAZ

KOEPSELL David R., *The Ontology of Cyberspace: Philosophy, Law, and the Future of Intellectual Property,*, Open Court Publishing Company, 2003

KOHLER, in BONNET (J) *Etude de la législation allemande sur les brevets d'invention*, Paris, Th. 1902

LEGAT Michael, *An author's guide to publishing*, London, Robert Hale ltd, 3rd edition, 1998

LESSIG Lawrence, *Code and Other Laws of Cyberspace*, Basic Books, 2000

LESSIG Lawrence, *Free Culture, How Big Media Uses Technology and the Law to Lock Down Culture and Control Creativity*, Penguin Press HC, 2004

LITMAN Jessica, *Digital Copyright: Protecting Intellectual Property on the Internet*, Prometheus Books, 2000

LUCAS André et LUCAS H.J., *Traité de la propriété littéraire et artistique*, Paris, Litec, 1994
LUCAS André, *Droit d'auteur et numérique*, Paris, Litec, 1998

MARTIN, Henri-Jean, Histoire et pouvoirs de l'écrit; avec la collab. de Bruno Delmas ; préf. de Pierre Chaunu, Paris: Librairie académique Perrin, 1990

MORANGE Jean, *La déclaration des Droits de L'homme et du citoyen (26 août 1789),* Paris, PUF, Que sais-je? n° 2408, 1988

PHILIPPON Didier, *Des anciens privilèges de librairie*, Paris, 1955

O'DONNELL James J., *Avatars of the word, From Papyrus to Cyberspace*, Cambridge, Mass., Harvard University Press, 1998

POUILLET Eugène, *Traité théorique et pratique de la propriété littéraire et artistique et du droit de représentation*, 3ème édition, Paris, Marchal et Billard, 1908

RECHT Pierre, *Le droit d'auteur, une nouvelle forme de propriété*, Paris, LGDJ, 1969

ROSE Mark, "The author as proprietor: Donaldson v. Becket and the Genealogy of Modern Authorship", *Of Authors and Origins, Essays on Copyright Law*, Brad SHERMAN and Alain STROWEL, Oxford, Clarendon Press, 1994, p. 23-55

ROUBIER Paul, *Droit de la propriété industrielle*, tome I, Sirey, 1954

SANCTIS Valerio DE, "Le développement et la consécration internationale du droit d'auteur", *Histoire internationale du droit d'auteur des origines à nos jours*, Paris, Revue Internationale du Droit d'Auteur, janvier 1974, p. 207-291

SANCHIS MARTINEZ M. Trinidad, *Derechos de Autor, Digitalizacion e Internet*, Editorial Universitas SA, Madrid, 2004

Sénat, Rapport Cordier, *Rapport de la Commission de réflexion sur le livre numérique*, mai 1999 http://www.culture.gouv.fr/culture/actualites/rapports/cordier/edition.htm#option

SHERMAN Brad and STROWEL Alain, *Of Authors and Origins, Essays on Copyright Law*, Oxford, Clarendon Press, 1994

SIRINELLI Pierre, *Industries culturelles et nouvelles technologies*, rapport Ministère de la culture, Paris, La documentation française, 1994

STEFIK Mark, *The Internet Edge, Social, Legal and Technological Challenges for a Networked World*, MIT, 1999

VAIDHYANATHAN Siva, *Copyrights and Copywrongs: The Rise of Intellectual Property and How It Threatens Creativity*, New York University Press, 2003

VAIDHYANATHAN Siva, *The Anarchist in the Library: How the Clash Between Freedom and Control is Hacking the Real World and Crashing the System*, Basic Books, 2004

VIVANT Michel, MAFFRE-BAUGÉ Agnès, *Internet et la propriété intellectuelle: le droit, l'information et les réseaux*, Paris; Institut français des relations internationales; la Documentation française, 2002

TABLE DES MATIERES

DU MÊME AUTEUR :

L'OBSOLESCENCE

DU DROIT MONDIAL

DES INVENTIONS

Inventé à l'ère industrielle pour protéger des inventions matérielles, le droit des brevets n'a pas su s'adapter aux inventions industrielles abstraites. Les logiciels, par exemple, ont été exclus de la brevetabilité en raison de leur manque de matérialité. Une telle façon de justifier cette exclusion étant économiquement absurde, il aurait fallu adapter le droit international des brevets à l'émergence du "monde virtuel". Cela n'est pas encore fait. Inadapté au monde moderne de l'innovation, le système international des brevets est entré dans une phase de déclin. Ce déclin est dû principalement au fait qu'en dépit de l'existence de leurs accords internationaux en la matière, les Etats en sont venus à sortir du cadre du droit conventionnel des brevets (exemple du logiciel) et à adopter parfois de nouveaux textes (par exemple pour la protection des topographies de produits semi-conducteurs). Ce livre retrace les étapes qui ont conduit à la situation actuelle. Il explique pourquoi et comment il est devenu urgent de moderniser et d'équilibrer le système international des brevets d'invention.

Anna MANCINI, Docteur en Droit
ISBN : 2915495165
Disponible sur Amazon.Fr et sur www.Buenosbooks.fr

Made in United States
North Haven, CT
17 October 2026

20547358R10080